美國首位非裔總統 歐巴馬

金文 著

從底層到白宮，跨越種族限制！
推翻所有質疑，他以行動改寫歷史

樂律

Barack Obama

從基層到巔峰，從不可能到可能
夢想不再是幻想！

成功的每一步都寫滿了信念
讀懂歐巴馬，解鎖突破命運的密碼

目 錄

前言　　　　　　　　　　　　　　　　　　　　　　　005

第一章　勇敢想像，夢想啟航　　　　　　　　　　　009

第二章　堅守信念，創造屬於自己的機會　　　　　　037

第三章　突破自我，成功的祕訣在於心態　　　　　　059

第四章　前行不懈，追求無限可能　　　　　　　　　087

第五章　掌控未來，知識與技能是最強武器　　　　　115

第六章　信守承諾，行動證明決心　　　　　　　　　141

第七章　承擔責任，讓生命更有厚度　　　　　　　　163

目錄

第八章　廣納智慧，打造獨特優勢　　　　189

第九章　迎難而上，逆境中快速成長　　　　215

第十章　攜手共進，化敵為友的智慧　　　　243

第十一章　眼界放遠，抓住最後的大魚　　　265

前言

　　我們生活在一個滿是熱情的時代，在這個時代，每一刻都有可能發生奇蹟，成就無數人的豐功偉業，但我們需要讓自己的心靈更加明澈，指引自己向更遙遠的目標投去更富有熱情的目光。

　　人生的價值在於奮鬥，可是如果我們被災難和苦難限制，那麼最終只會不甘於此生。為了我們心中的夢想，我們應該提早揚帆起航，讓自己的夢想變為現實。巴拉克‧歐巴馬（Barack Obama）用自己的智慧創造了生命裡的不平凡，我們同樣也可以。

　　在美國全球影響力日益下降的情況下，歐巴馬橫空出世，他一路過關斬將，從《哈佛法律評論》第一位黑人主編到聯邦參議員，再到美國首位黑人總統，歐巴馬僅用了不到二十年的時間就創造了一個又一個的奇蹟。

　　當歐巴馬宣布競選總統時，沒有人看好這個從小生長於印尼的黑人，然而當歐巴馬戰勝一個個對手，登上總統寶座的時候，不少人都不敢相信這是真的，但人們更願意相信只有歐巴馬才能拯救當時的美國。這種轉變讓歐巴馬變得獨一無二，同時也讓很多迷茫的年輕人看到了美好的未來。

　　現在我們回顧歐巴馬的成功，不得不驚嘆於歐巴馬的才華。他從小在印尼長大，父母離異，並且有著不堪回首的成長經歷，他還吸過毒，玩世不恭地對待自己的學業，然而就是這樣的一個人卻成功當選美國總

前言

統，我們在感嘆奇蹟的同時，是否應該從歐巴馬身上找到些許成功的經驗，讓自己今後的人生之路更加美好呢？

為此，我們特地策劃了這本書，希望它能為眾多處於創業時期的年輕人帶來方向，讓他們能更好地面對以後的人生，能更加確立自己的夢想，能更清楚地知道自己想要什麼、要去做什麼，讓人生變得更加富有色彩。

這本書從夢想、信念、心態、行動、學習等諸多方面回顧歐巴馬的成功經歷，並藉助獨特的視角，從中挖掘出對年輕人的成長有幫助、有價值的資訊，讓讀者能夠清楚地知道歐巴馬為什麼會取得成功，同時，也能在心中燃起奮鬥的火焰。

書中的每一個小節，都配有歐巴馬的成長經歷，裡面有一些關於歐巴馬的故事，正是這些故事讓歐巴馬的成長發生了翻天覆地的變化，包括他的方向、他的理想、他的鬥志，以及他的觀念等，而這些決定著他今後所走的道路，也決定著他將透過怎樣的形式，到達怎樣的高度。

從歐巴馬身上，我們可以學習到很多終身受益的東西，例如關於選擇，他選擇了離夢想最近的道路，哪怕這條路看起來並不平坦；例如關於夢想，他是一名黑人，當他擁有總統夢時，很多人都覺得他是在痴人說夢，但是他卻不這麼認為，並堅持下來，最終獲得了成功；例如關於學習，歐巴馬沒有因為身分而趾高氣揚，反而他虛心向比自己有經驗的人請教，好好地彌補自己從政經驗不足的缺點……

諸如此類的啟示比比皆是，我們能從中看到自己不足的一面，並藉助這些啟示來改變自己，也許不能保證幫助你百分之百地通向成功，但

是它會讓你的人生變得更有意義，更有價值。

　　很多時候，行動比觀念更重要。只有勇於打拚、耐住煎熬的人，才有可能獲得成功。現實中的我們，要麼沉溺在自己的想像之中，要麼像一隻無頭蒼蠅到處亂撞，最後碌碌無為地度過一生。可見，如果我們沒有腳踏實地的行動，即使為夢想做出了再周全的計畫，也終會無濟於事。

　　在閱讀的過程中，你的思維會不自覺地跟著書本轉動起來，本書會成功調動你的思考能力，而不僅僅只是藉助說理讓你了解一些所謂的道理。如果一個人在讀書的過程中，沒有屬於自己的思考將是一件多麼無趣的事啊！本書將會讓你在閱讀的過程中感覺到一束光照亮了自己的視角，讓你的思維變得更靈活、思緒變得更寬廣，由此及彼地類推，使你今後在遇到類似事情的時候，能第一時間做出正確的選擇。

　　最後，衷心地祝願每一個讀過此書的人都能有所收穫，都能從中找到屬於自己的成功道路。偉大是熬出來的，成功是拚出來的，讓我們開始行動，實現自己的人生價值。

前言

第一章
勇敢想像,夢想啟航

第一章　勇敢想像，夢想啟航

勇於夢想，為自己制定合理的目標

> 人生要有夢想，有夢想才有前進的動力，如果沒有夢想，那麼人生就會失去方向。夢想，是人生前行的路燈，只有夢想可以使我們充滿希望，也只有夢想可以使我們保持充沛的想像力與創造力。

每一個黑人都有一個解放的夢想，這是因為相對白人來說，黑人在美國的地位非常低。在美國歷史上，雖然誕生過著名的黑人領袖，但是從來沒有一個黑人能成功當選為美國總統。現在這段歷史已經作古了，因為身為黑人的歐巴馬用自己的智慧和才能，已經成功當了一屆美國總統，又成功贏得連任，這具有劃時代的歷史意義。正如歐巴馬所說：「在美國，你可以實現一切夢想。」

如今翻閱美國的歷史，我們可以清楚地知道，美國一直以來都是世界各國人民所嚮往的夢想天堂，越來越多的人移居美國，而美國以它博大和深邃的情懷接納所有懷著夢想的人。是什麼吸引人們不遠萬里，拋棄原本的生活，來到這塊土地上？那是因為在他們心中有著同一個夢想，那就是美國夢。

美國夢，是一種信仰，一種信念。任何公民或居民只要堅持不懈，努力工作，憑著個人奮鬥就能過上好生活。機會均等應該是美國夢的靈魂。相比歐洲、印度、非洲等古老社會，英國殖民者在北美建立的社會

> 勇於夢想，為自己制定合理的目標

沒有世襲、等級制度，任何人憑著勤勞、勇敢和智慧都可能成為企業家、從政人士或是其他職業者。

1963年，美國著名黑人民權運動領袖馬丁‧路德‧金恩（Martin Luther King Jr.）站在美國首都華盛頓市中心林肯紀念堂前發表〈我有一個夢〉的演講。他說：「現在正是時候，是從黑暗與荒涼的種族主義幽谷中崛起，踏上充滿陽光的種族平等的大道的時候。現在正是時候，是向所有上帝的兒女打開機會大門的時候。現在正是時候，是將我們的國家從種族不平等的流沙中遷到兄弟和睦相處的磐石上的時候。」

與之相對應的是，四十四年後的2007年的11月7日，歐巴馬在一篇演講中也表達了他關於美國的夢想，他說：「美國是我們夢想的總和。是什麼使我們團結在一起？是什麼使我們成為一個家庭？是我們彼此的夢想，是我們重申的基本信念——我是我兄弟的守護者，我是我姐妹的守護者——透過我們的政治、我們的政策、我們的日常生活。我們應該再一次努力。我們應該重申美國夢。」

那麼，什麼是美國夢呢？為什麼美國夢會讓歐巴馬如此著迷？所謂美國夢，指的是在美國形成與發展的一種具有普遍吸引力的理想與追求。「美國夢」在廣義上的淵源，可以追溯至當年歐洲移民來到北美披荊斬棘、開闢新生活的時期：這些飄洋過海、移居他鄉的人都曾懷有對「新大陸」的種種憧憬；而對於他們之中的許多人來說，「新大陸」甚至可以意味著人類最後的希望。隨著現代美國民族及其文化的孕育成熟，作為共同文化心理的一種表現，「美國夢」也逐漸形成。而在歐巴馬的心中，正是因為「一個更完美的城邦」才使得他更加堅持自己的理想，堅持自己的道路。

第一章　勇敢想像，夢想啟航

　　歐巴馬在很多地方都這樣說過：「我活在我的父輩和美國人民的夢想之中。」所以，美國夢在歐巴馬身上有著最完美的展現，這是因為歐巴馬有著特殊的經歷。歐巴馬是一個黑白混血兒，由白人外祖父外祖母撫養，又在亞洲短暫生活過；在哈佛接受了菁英教育，又回到黑人社區做基層工作；是一個相信自由派理念，又不妖魔化對手的「團結者」，是幾十年才能產生一個的奇才。但當歐巴馬走上美國總統寶座時，我們應該清楚地看到，作為一個為夢想奮鬥了多年的人，走到了夢想實現的那一刻，他今天的成功絕不是偶然的，更不是歷史的巧合，而是因為他對夢想的堅持與執著。

　　歐巴馬了解這個道理，所以他並不懼怕周圍人的嘲諷，他是朝著總統的目標去的。他帶著一個夢想去了華盛頓。在華盛頓，他開始為自己的夢想而努力，並為之付出行動。為了消除種族歧視，獲得美國民眾的認可，他去了非洲。南非是種族隔離制度的發源地，幾十年來南非人民堅持不懈的鬥爭終於換來了正義與公平，黑人開始成為這個國家的主人。正是在這樣的歷史淵源下，南非成了歐巴馬的第一站，接著他去了肯亞的奈洛比，在那裡他受到了明星般的禮遇。在黑人心裡，歐巴馬無疑是上帝派給他們的福音。

　　2008年2月12日，波托馬克初選結束後，歐巴馬說過這樣的話：「我出生在一個沒錢、沒地位的家庭。我母親生我的時候還是個女孩，我父親在我2歲的時候離家而去。但是，我的家人給了我愛，給了我教育。最重要的是，他們給了我希望。這個希望就是，在美國，只要你去爭取，只要你去努力，只要你去奮鬥，就沒有不可能實現的夢想。」人

> 勇於夢想，為自己制定合理的目標

生勝敗無常，但勇於築夢卻是成功的第一步。如果勇於築夢，為自己定一個合理的目標，那麼即使出身再不起眼，透過自己的努力，也終會有成功的那一天。

第一章　勇敢想像，夢想啟航

選擇離夢想更近的道路

> 要實現理想，就必須學會忍受生活給你的考驗。在人生的岔路上，你要學會做出明智的選擇。如果你過於追求安逸，卻又渴望著成功，那麼你將會迷失在生活的洪流裡，只有走離理想最近的那一條路，才能真正地實現理想。

有人覺得，要實現理想就必須往高處走，走得越高，實現理想的機率就越大。但是，很多人正是因為這樣的想法最終迷失了自己。在歐巴馬大學畢業之後，他選擇了別人無法想像的生活方式，他放棄了華爾街的高薪工作，去了貧民窟，這在很多人看來，是不可想像的。

在歐巴馬畢業之前，他就看到了很多社會的陰暗面，那時他立志要改革時弊，組織黑人，從基層做起。社區工作者都很貧窮，歷來都是由資質不是很優秀的人來做的，他們的薪水通常很低，實際上很多社區工作者並不是在追尋理想，他們中的大多數接受低薪也是無奈之舉。所以像歐巴馬這種資歷的人，可能還沒有人曾經申請過這種職位，這也是歐巴馬的申請信沒有回音的原因，人們覺得他要麼是在開玩笑，要麼是他本人有什麼問題。

最後，歐巴馬迫於無奈，只好決定先找一份常規工作再說。他在國際商務公司找到了他的第一份正式的全職工作。那是一個在世界一些地

選擇離夢想更近的道路

方擁有辦公室，有著250個雇員的中型公司。公司的業務是出版研究報告和新聞期刊，是一個出版性機構，不是一個真正的顧問公司。公司僱用的基本上都是一些剛畢業或畢業不久的年輕人，薪資也不是很高。他當時的同事後來評論道：歐巴馬是個聰明、成熟、自制力強的人。他的自信心強，自我感覺良好。他的成熟和良好的全球觀，是許多同齡青年所遠不可及的。

做事認真是歐巴馬的一個好習慣，在紐約的兩年讓他變了很多。由於努力，不久後他就得到升遷，而且公司還幫他安排了一個女祕書，並分配給他一間專用辦公室。可是這樣的工作並不是歐巴馬想要的，所以很快歐巴馬就對這種工作失去了興趣。對於大多數人來說，他們這時會選擇跳槽去找一份更滿意的工作，或者去考研究所繼續深造。但是歐巴馬卻選擇去貧民社區工作，不過是向人們眼中的「低處」走而已。

促使他有這種想法的，是因為他的一個兄弟的去世，這件事對他的感觸很大。那天，他突然接到他從未謀面的同父異母姐姐的電話，說他們的一個兄弟由於機車事故在肯亞去世了。這個電話所帶來的噩耗再次喚醒了歐巴馬要與自己的歷史和社區產生關聯的渴望。幾個月後，歐巴馬辭去了國際商務公司的工作，又開始繼續尋找社區的工作。他曾寫信給芝加哥的黑人市長哈羅德．華盛頓（Harold Washington），市長辦公室沒有回覆。有一個負責社區組織工作的民間組織讓他去工作，條件是他必須坐在辦公室。但是，歐巴馬不喜歡這種「舒適」的工作，他覺得這樣離他的理想很遙遠。

最終，他受僱於紐約公共事務研究局，作為紐約市立學院哈倫分院的一名全職雇員，負責組織與管理學生志工。那是一個非營利的組織機

第一章　勇敢想像，夢想啟航

構，其職能是環境和消費者權益保護，為政府在相關方面的改革提供參考意見。他曾經在那裡花了整整三個月的時間，試圖說服該學院的少數非裔學生進行環保和廢棄物的循環利用。

那不是一份重要的工作，所付年薪也不足 1 萬美元。但從那裡，歐巴馬訓練了自己的組織和平衡能力，尤其是在不同族裔之間的平衡。而且，城市學院面對的學生遠不同於哥倫比亞大學的學生。這為他後來贏得芝加哥黑人社區的認可與支持打下了基礎。

歐巴馬的第一個成功既是鍥而不捨的結果，也算是運氣好。他帶著三個關心社區的人四處奔走，想讓政府和民間機構提供培訓中心，解決社區高失業率的問題。他們四處碰壁。最後，他們去了市長辦公室，無意中發現市長辦公室有一個就業和培訓辦公室，主要義務是協助失業的人再培訓並幫助其就業。他們約見了這個辦公室的主任，不久，市長就決定在歐巴馬工作的社區開一個社區就業和培訓中心。在中心開幕那天，華盛頓市長親自參加了剪綵儀式。

歐巴馬之後取得了一個又一個小的勝利。這時，社區的領導者凱爾曼告訴他：「這些勝利微不足道，不能從根本上解決芝加哥和美國的許多社會問題，但是它們可以讓生活在底層的人民有推動變革的勇氣和希望。」在社區工作的時間越長，歐巴馬越感到自己的感召力不足，知識和能力欠缺。他跟黑人教會有了更多的接觸，並且意識到這些教會組織是黑人社區文化和精神生活的發電機。

理察・賴特（Richard Wright）說：「當一切都消逝的時候，我們始終不移地去捕捉希望的火苗，光亮就在那裡，你必須鍥而不捨地尋找。」這番話深深地打動了歐巴馬，促使他申請去哈佛大學法學院讀書，最終

他被哈佛大學錄取了。他告訴自己的一個朋友，他之所以要去法學院讀書，是因為他覺得如果自己有一個法學學位，他就可以和那些有權有勢的人抗衡，更能幫助處於水深火熱之中的窮人。

生活中有很多人都在從事著自己並不喜愛的職業，於是總會發出「我也很努力，但就是做不到最好」的感慨。有的人會指責說這話的人還是工作態度有問題，不然真的是努力工作，豈有做不好之理？其實歸根結柢並不是這些人不夠敬業，而是職業本身就不適合他們。換言之，想要真正把一項工作做得得心應手，就要選擇適合自己的人生道路。

歐巴馬曾經說過：「很多時候我可能面對不同的選擇，但我知道哪個選擇更適合我。」人生的悲劇不是無法實現自己的目標，而是不知道自己的目標是什麼。成功在於你朝著哪個方向走，能否堅持下去，沒有正確的目標、正確的方向，就永遠無法到達成功的彼岸。

第一章　勇敢想像，夢想啟航

給自己準確的定位，成功不再遙遠

> 一個人能否實現自己的理想，不在於他的起步，也不在於他所受到的教育，而在於他能否在年輕的時候給自己一個準確的定位。只有給自己準確的定位，才能找到屬於自己的路線，才能突破茫茫黑夜，抵達成功的彼岸。

一旦擁有了理想，所有的一切將有了前行的方向，但是僅僅擁有理想還是不夠的，我們需要給自己一個定位，這個定位不僅能告訴我們身在何處，還能告訴我們離自己的目標有多遠，所面臨的困難有多大，以及照明燈到底在哪裡。

一直以來，歐巴馬與競爭對手最大的不同就是他的身分以及政策制定上的具體條款。歐巴馬一上臺就打起「民生牌」，他把自己定位為「兄弟姐妹的守護神」。在他眼裡，窮困的人永遠最重要，他們是這個國家的中堅與支柱，有些甚至代表了國家的歷史和將來。所以，無論到了什麼時候，歐巴馬總會明確表示，低收入程度的人才是自己最需要關照的人。

歐巴馬在演講中也多次提到了這一族群的故事，以及為使他們生活得更美好而將做出更多努力的決心。他說他們可能生活得異常艱難，似乎沒有希望，但是努力改變就會發展得更好，他有信心讓貧困的人過上

> 給自己準確的定位，成功不再遙遠

美好的生活。

在演講中，歐巴馬呼籲大家成為消除美國貧困現象的「英雄」，讓每個希望得到工作的人都可以獲得一份心滿意足的工作，他們可以透過每月的薪資為孩子提供良好的照顧和養育，為他們營造一個舒適的環境去快樂地玩耍和生活。他大聲疾呼人們應該關注美國急待解決的醫療危機，為疾病預防，為慢性病患者提供更多的治療，同時，利用先進技術減少行政開支。歐巴馬就這樣讓自己的宣言穿透每個民眾的心，並擲地有聲地宣布，如果他能當選新一屆總統，他會讓每一個人都享受到應該得到的醫療福利。

此外，他還提到會竭力讓美國擺脫對他國石油的依賴，重塑能源大國形象，用可再生、低消耗的新能源代替高汙染的石油。他說美國會在新一代美國人的帶領下重新站起來。他們會將危機轉化為機遇，增加就業機會，刺激商業，為世界做榜樣，美國依然那麼強大，它又回來了。

歐巴馬將整個美國現狀看得非常清楚，他清楚地知道美國人民需要什麼，美國現在處在什麼位置，美國將要往哪一個方向發展，如何更好地實現全美國人共同的夢想。所以歐巴馬在競選時，就表現出強大的力量，儘管他開始並不被看好，選舉一事甚至被別人當作天方夜譚，但是他卻以自己敏銳的洞察力一步一步實現了自己的理想。

對於讓全美國人帶來毀滅性傷痛的「911」事件，歐巴馬以一個和平主義者的身分投身到世界反恐的行列中，他要維護的是全球人類的和平，維護的是整個世界的和平，這完全滿足美國人民關於世界夢的需求，在美國人心裡，一個強大的美國應該有著更強烈的責任感，應該輻射至全世界，歐巴馬的演說無疑滿足了這種要求。

第一章　勇敢想像，夢想啟航

他如此說道：「最重要的是，讓我們永遠牢記那個9月11日所發生的一切，以我們所有的力量來對抗恐怖分子。我們可以透過共同努力依靠一支更強大的軍隊來追蹤恐怖分子，緊縮他們的金融網，我們還可以改善我們情報機關的效率，但我們還需要了解，我們最終的勝利還在於重建我們的聯盟，將那些信念和價值輸出到國外，帶給世界上成千上萬的人希望和機遇。」

一如他反對伊拉克戰爭，這一切都無法阻止他成為全美國人心目中的救命稻草。不僅如此，歐巴馬實踐著他關於民生、關於美國人民的諾言，他一再地把對美國的建設，把美國的未來更多地放在窮人身上，整個美國因此擁有了更為強大的力量。

無疑，歐巴馬將整個局勢看得非常清楚，他沒有採取和對手一樣的主打富人的政策，而是將籌碼整齊擺放在一般百姓的身上，「為人民服務」在他身上得到了鮮明展現。當時其他候選人在美國上流社會擁有廣泛的支持，但美國的富人畢竟是少數，更多的美國人生活在相對低下的環境中，而這些人為黑人出身的歐巴馬投了寶貴的一票。所以，歐巴馬從一開始的定位上就取得先機，最終成就了自己的夢想，從而讓自己在生命歷程中有一個精彩的亮相。

歐巴馬不僅為自己尋找了一個準確的定位，還幫美國人民和美國尋找了一個最為合適的定位，也正是這個定位造就了他的非凡成就。只有準確地定位，綜合考慮自己的能力、身分，使自己的方向與之相符合，將來的奮鬥之路才會更加順暢，才能盡可能地獲得更多人的贊同。

一個年輕人如何幫自己定位，將在一定程度上決定他一生成就的大小，志在高峰的年輕人不會落在平地，甘心做奴隸的年輕人永遠也不會

> 給自己準確的定位，成功不再遙遠

成為主人。相反，如果定位有失偏頗，沒有想清楚為哪個階級、哪件事情服務而奮鬥，未來的努力很可能就是一場徒勞。因此，夢想重要，確立夢想時的定位一樣重要，只有這樣，夢想才能順利起航，成功才會離你越來越近，你才能真正找到一盞指引航行的明燈。

第一章　勇敢想像，夢想啟航

把夢想縮小，逐步去實現

> 夢想不可能一下子就實現，它需要你幫它描繪一個藍圖，需要你清楚地知道自己接下來要去做什麼，需要你去逐步實現一個個小小的目標。只有按照自己設計的路走下去，未來才會出現在你的腳下。

歐巴馬說：「我常對自己說，路要一步一步走。」雖然每個人的夢想不同，但是每個人夢想的實現都需要一個個腳印才能真正地實現。夢想是一個大的集合，它需要你來分解，一步一步地來實現，只有將一個大的夢想分解為一個一個小夢想的時候，夢想才有實現的可能。

1980 年，歐巴馬所在校園的黑人社團組織決定請一位南非國大黨的代表來學校演講。他們策劃在這位代表演講之前由歐巴馬先對聽眾講幾句，然後會有人突然衝上舞臺把他拖到臺下。他們這樣做的目的是為了讓聽眾了解，南非政府不保護言論自由，國大黨在南非沒有宣傳自己事業的機會。

歐巴馬第一次走上了講臺，他有些膽怯，而且聲音很低。他說：「有一場鬥爭在展開。」他看著下面的聽眾，鼓起勇氣，放大了自己的聲音，繼續說道：「有一場鬥爭在展開，雖然這場鬥爭與我們隔山隔水，但是它操控著你和我。無論我們是否感覺到它的操控，無論我們是否渴求它

把夢想縮小，逐步去實現

的操控。這是一場需要我們表明立場的鬥爭。不是讓你挑選黑人還是白人，也不是讓你選擇窮人還是富人。這個選擇要更加艱難。它讓你挑選尊嚴或者奴役，它讓你選擇公平或是非正義。我們要麼全身投入，要麼漠不關心；要麼走正確的路，要麼過錯誤的河⋯⋯」

歐巴馬突然發現，他的話可以打動聽眾。後來，他在回憶錄中寫到，他母親就是被父親的聲音和熱情打動的。聽眾被他的這一番話感染了，開始有人為他鼓掌，隨後掌聲越來越大。這時，突然從臺下衝上來幾個人，抱住歐巴馬把他往臺下推。雖然這是事先安排好的，但是歐巴馬並不樂意，他不願意離開，於是他不停地掙扎。他覺得他的演講打動了聽眾，他覺得自己可以用話語改變世界。

正是因為這次的經歷，他堅定了自己的夢想。因為他的演講可以為他提供一種實現夢想的方法。他相信每個美國人都有一個純樸的夢想，能逐步實現一個個小小的傳奇。而且他相信這些小小的傳奇將變為一個屬於美國人所共有的夢。

在肯亞，歐巴馬找到了自己丟失的父親的足跡，理解了他的奮鬥和奮鬥過程中的辛酸，也原諒了他的不負責任。他跪在父親和爺爺的墓前，淚水潸然而下，他胸中一直淤積著對父親的憤怒被淚水沖去。他更清楚自己今後的路應該怎麼走。正如阿佛烈·丁尼生（Alfred Tennyson）所說：「夢想只要能持久，就能變為現實。」

抱著對夢想的期望，歐巴馬渴望去白宮，而他第一次去白宮是在大學剛畢業時，他和一群學生領袖來到白宮提交收集的各種提議，與「911」事件發生後相比，當時的白宮開放、自信，令無數年輕人神往。

第一章　勇敢想像，夢想啟航

在白宮，歐巴馬暗自下決心，他告訴自己，只要肯努力，總有一天他會成為這裡的領導者。事實上，他完全有這樣的能力。在外界看來，雖然他是一名黑人，但是他已經具備了總統的特質。在這之前，他成功競選《哈佛法律評論》主編的職位，成為該刊物第一位黑人主編。

27歲的歐巴馬進入了哈佛大學法學院。歐巴馬年齡比同屆的同學大，也更成熟，因此學習也更刻苦。第一年，他一邊參加校園的反南非種族隔離的活動，一邊讀書寫作，在法學院一個級別很高的雜誌上發了幾篇文章，受到老師和同學的關注。1990年，在法學院最著名的刊物《哈佛法律評論》主編空缺時，歐巴馬參加競選並成功當選，成為這個刊物歷史上第一位黑人主編。

歐巴馬能當選有幾個方面的原因。首先，他的學業成績很好，並且已經發表數篇文章。其次，他人緣好，有號召力。第三，他是自由派和保守派都可以接受的緩衝人物。歐巴馬本身是自由派，但是他從不以自己的觀點放之四海而皆準自居，而是會認真和仔細地聆聽他人不同的意見，並表明自己的看法。最後，他有說服人的耐心和技巧。在選舉中，當保守派意識到他們的候選人沒有足夠的票當選主編時，他們把票轉投給了歐巴馬。保守派的策略性投票可以說是成功的。歐巴馬出任主編後，開始考慮如何替編輯部75個員工分配工作。

雖然歐巴馬相信黑人、婦女和其他少數民族需要在編輯部有更多的聲音，但是他也堅持任人唯賢，不以膚色和性別作為做決定的依據。他選出一個有各個種族背景的編輯團隊，並根據每個人的優勢和長處分配職責。很多黑人學生因此對歐巴馬十分不滿。他們認為他應該利用職權

> 把夢想縮小，逐步去實現

更多地為他們謀利益。在歐巴馬公正和務實的領導下，編輯部的人都服氣，刊物也辦得十分出色。歐巴馬成為《哈佛法律評論》第一位黑人主編的消息在法學界不脛而走，不僅哥倫比亞大學律師事務所打電話請他去工作，一家出版社也邀請他寫一本回憶錄。當芝加哥的一家事務所打電話請歐巴馬去他們那裡工作時，接電話的人說，他是第647個提供歐巴馬工作的。

不過，經過深思熟慮，歐巴馬接受了芝加哥事務所的工作。1991年夏天，歐巴馬從哈佛大學法學院畢業，回到了芝加哥。在歐巴馬去律師事務所上班之前，他承諾先在芝加哥的社區做六個月的選民登記工作。這項名為「大家去投票」的專案主要是在芝加哥地區登記選民，不僅為比爾·柯林頓（Bill Clinton）在1992年贏得伊利諾伊州的投票發揮作用，也使得卡羅爾·莫斯利·布勞恩（Carol Moseley Braun）成為美國歷史上第一位女黑人聯邦參議員。1992年10月3日，歐巴馬和蜜雪兒（Michelle Obama）在三一教堂結婚，證婚人是賴特牧師。歐巴馬結了婚，有了很好的工作，白天在律師事務所上班，晚上去芝加哥大學教憲法，其他時間寫自己的傳記，生活舒適、充實和圓滿。

至此，歐巴馬的人生可以說非常完美，但這對於有著總統夢的歐巴馬來說卻是遠遠不夠的，在他心中有一道不可磨滅的光芒，正是這一道理想之光讓他朝著自己的方向邁進，成為首位黑人主編為他帶來極大的信心，他相信：如果按照自己的路走下去，成功一定會在自己的腳下。

不合理的行動，可能會事倍功半，只有有效地分配並利用時間，才能讓行動變得有意義，這就要求行動的高效率。當然還需要合理地分配

第一章 勇敢想像，夢想啟航

時間，不讓自己陷入被劃分得過於瑣碎的時間中。高效的方法除了精算時間外，還需要有靈活的方法。

所以，當我們有了自己的目標之後，要為目標制定一個詳細的計畫，把夢想分割成一個個小小的目標，這樣我們的方向才會更加明確，才能更清楚地知道下一步該如何走，目標也會變得更加清晰。

一旦插上理想的翅膀，
就會爆發出無窮的創造力

> 人只有堅定自己的目標，才能最大限度地發揮自己的創造力。那種力量將是無窮無盡的，也是任何一個人都不能忽略的。如果一個人確定了自己的方向，那麼他的體內將爆發出無限的潛力。

理想對人生有多重要？也許你會說，理想只是人生的一個目標，一個尋找人生意義的方向，可是，當一個人確定了自己的方向之後，他將會從體內爆發出無限的潛力。因為理想給予他的不僅僅是方向，還有動力和永不放棄的執著。

歐巴馬的成功告訴我們，只要一個人擁有了理想，他就會爆發出無限的潛力。歐巴馬本身就具備演講的天賦，但是僅僅擅長演講，想在選舉中取得成功是遠遠不夠的，他還需要有足夠的睿智和魄力。

在歐巴馬第一次競選伊利諾伊州參議員的時候，運氣就光顧了他。他的主要競爭對手愛麗絲‧帕爾默（Alice Palmer）在選舉中做了手腳，並被歐巴馬看出來。最後經過調查，帕爾默違反了規則，最終帕爾默被剝奪了選舉權，歐巴馬不戰而勝。在外界看來，歐巴馬是透過一場戲劇性的勝利贏得了席位，所以就連一部分黑人要員也認為他有些勝之不武。

第一章　勇敢想像，夢想啟航

　　在這種情況下，一些專家替歐巴馬出主意，歐巴馬也非常同意專家們的意見，於是歐巴馬組織了一次全州的巡迴演講，並廣泛參加活動以提升自己的知名度，為日後的選舉打下基礎。

　　事實證明，歐巴馬是成功的，因為透過這次巡迴演講，歐巴馬頗受鼓舞，他發現自己對伊利諾伊偏遠地區的白人中產階級非常有親和力。這些人並沒有因為膚色而排斥他，反而對他喜愛有加，即便在那些民權運動時期表現最為激進的白人地區，歐巴馬也絲毫沒有受到冷落。然而，歐巴馬的最初想法是想用行動來證明自己並非勝之不武，他是想來展現自己的才華，可是沒想到卻取得了非常不錯的反響，這次的演講從側面反映出歐巴馬非凡的選舉能力。

　　然而，有很多事情，如果你說得很多，做得很少，那麼在別人眼裡你就是一個喜歡說謊的人，那麼當初那些投你票的人將不會再將他們寶貴的選票投給你，你也會因此失去一大部分的信譽。歐巴馬深知這個道理，所以他不僅做了巡迴演講，而且在議會的工作中展現了他出色的才能。在當時的伊利諾伊州參議院裡，共和黨是多數黨，所以如果民主黨議員要提出某項有利於自己選民的立法，通常會遭遇到更多的阻撓。但歐巴馬卻打破了這個規則，他雖然身為民主黨參議員，但是他卻在議會裡扮演了非常活躍的立法角色。

　　在歐巴馬的第一任期和第二任期中，他平均每年都會完成14個議案的立法推動工作，而到了第三年，他所提出或共同提出的60項法案中一共有11項被批准為法律，這種高立法效率震驚了旁人。歐巴馬在伊利諾伊州參議院期間推動完成的多項立法都獲得了跨黨派的支持，其中大多數是關於公共衛生的。歐巴馬提出的議案旨在讓州政府劃撥資金主動擔

> 一旦插上理想的翅膀，就會爆發出無窮的創造力

負起前列腺癌檢查的費用，還將這種檢查列為常規預防性檢查。這個法案一經提出便獲得好評，不僅獲得大多數議員的擁護，更是贏得了眾多選民的信任。

歐巴馬不僅在公共衛生方面立法成績斐然，在其他領域也建樹頗豐。他的選舉經費改革法案明確定義和有效限制選舉經費的來源並且限制立法人員收取禮物，進一步淨化伊利諾伊州的選舉和立法環境。歐巴馬還成功推動了增加多項公共計畫的經費，其中包括學生課外活動計畫、居民除鉛計畫、愛滋病預防計畫。

正是因為歐巴馬在工作上的出色表現，才使得他成功登上了政治的舞臺，並展現出了非凡的領導才能。這對他來說不僅僅是一個起點，更重要的是他堅定了自己的理想。如果一個人在實現理想的過程中遭遇到太多的失敗，那麼他難免會懷疑自己的能力。一旦他開始懷疑自己，那麼擺在他面前的將是一場與自我的鬥爭，很容易就會放棄最初的想法。歐巴馬顯然是在這段議員生涯中嘗到了甜頭。他的經歷很容易讓人聯想到亞伯拉罕·林肯（Abraham Lincoln），並把他與林肯相提並論，因為他們都有著出色的演講能力，而正是這種能力使得歐巴馬越來越接近他的目標。

2007年2月10日，一個春寒料峭的週末，美國伊利諾伊州首府春田市議會大廈前熙熙攘攘，萬頭攢動。曾經在州議會做過八年參議員的巴拉克·歐巴馬向本州的父老鄉親和全國的民主黨員宣布他將參加民主黨總統候選人提名。歐巴馬站在搭起的臺子上，妻子蜜雪兒和兩個女兒站在身邊，歐巴馬十分莊重地說：「今天，我站在你們面前宣布，我要競選美利堅合眾國的總統。」他申明自己是變革一代的代表，要遠離華盛頓

第一章　勇敢想像，夢想啟航

的犬儒主義、腐朽叢生和睚眥必報的政治。與此同時，臺下聽歐巴馬宣布參選的人們也激動萬分。歐巴馬說：「就是在這裡，在春田市，在這個東南西北交會的交通樞紐上，我想起美國人民本質上的寬容。我相信，以這種寬容，我們可以建立一個更有希望的美國。」

他接著向在場的人們講述了自己過去二十年的工作經歷。他先是一名社區工作者，後是民權律師，然後是州參議員，繼而是聯邦參議員。他競選的主題是盡快結束伊拉克戰爭和實現全民醫保。歐巴馬選擇從林肯發表著名演說的地方開始自己奔赴白宮的萬里長征，可謂用心良苦，他一定期盼著自己有朝一日可以成為林肯那樣的偉人，可以像林肯那樣改變美國，使它更美好。歐巴馬的參選演講或許不會像林肯的演說一樣名垂青史，但是它已經使得歐巴馬的選舉從一開始就站在一個比其他參選人更高的起點上。

在我們二十幾歲的時候，一定要為自己而活，而不是為那些一天到晚在你耳邊說這說那的人而活，所以當我們有了自己的目標後，就要放手去做自己想做的事，勇敢地實現自己的目標和心中的理想，才是你應該考慮的。

尋找站立的地方，讓腳步更扎實

> 如果你要飛得更高，那麼你就必須讓自己站立得更穩，只有那樣，才能找到出力點，才可以讓自己的力量爆發到極限，而要讓自己站立得穩當，你必須充分地了解自己，對自己有著更為透澈的了解，如此才能飛越黎明的地平線，看到新生的陽光。

每一個獲得成功的人，對自己的能力都有著非常清晰的了解，他們清楚地知道自己需要什麼，自己該怎麼做，如何將自己的優勢發揮到極致。他們之所以能如此，是因為他們比別人更了解自己。

了解自己是一件非常困難的事，僅僅從鏡子裡了解自己的面孔是遠遠不夠的，你還要充分了解自己的實力，知道自己的優勢和特點在哪裡，要很清楚地了解到自己的缺點。你要知道別人口中的自己，也要知道自己內心深處的自己，不要只停留在浮誇的表面，而應該深入到自己的內心，問問自己究竟需要什麼，這樣做是對是錯。這時，你不能有半點的偏向，因為那樣只會讓你陷入了解自己的謬誤。

只要是成功的人，都對自己有著很深的了解。他們的成功建立在自己的優勢之上，他們的優勢正是源於對自己的充分了解。歐巴馬為了讓自己更充分地了解自己，特地去了一次非洲，因為在他看來，非洲不僅

第一章　勇敢想像，夢想啟航

僅是黑人的集中地帶，而且是自己生命裡不可或缺的一部分，在那裡他可以找到屬於自己的過去，找到真正對自己有用的東西，那些就是他的根，那裡是他的父親和祖輩生活過的地方。

在 2006 年 8 月 28 日，歐巴馬在肯亞首都奈洛比演講時，如此說道：「整個非洲的歷史就是一部古帝國輝煌文化的歷史。拿起武器反抗殖民統治的不僅僅是那些偉大的英雄，還有飽受煎熬仍不屈不撓的平凡人。」

事實上，在歐巴馬進入哈佛學習之前，就打算實現自己多年前的那個願望，去肯亞走一圈。儘管他此前對殖民主義的種種惡行早有耳聞，但眼前的所見所聞還是讓他感到前所未有的震撼。無數的非洲人民仍然飽受殖民主義者的壓制，殖民主義的餘孽仍然死而不僵。他曾花了好長的時間在腦子裡建構肯亞的藍圖，怕肯亞會讓他失望，就好像當年初見父親一樣。

如果歐巴馬不去一趟肯亞，那麼在他的記憶裡就會出現殘缺的一塊，因為在他心中一直有這樣的一種想法，如果沒有找到自己站立的地方，那麼如何才能讓自己的翅膀變得更堅硬呢？於是歐巴馬毅然地去了肯亞。

來機場接歐巴馬的是他的姐姐奧瑪（Auma Obama），一起前來的還有他父親同父異母的姐姐瑟圖妮（Zeituni Obama），奧瑪開車把弟弟接到了家裡，因為旅途太累，歐巴馬稍微打了瞌睡，醒來時才發現周圍站了一群猴子，一點都不怕人，自顧自地到處走，這讓他想起自己在雅加達的小猴塔塔。

> 尋找站立的地方，讓腳步更扎實

讓歐巴馬感到熟悉的還不止這些，放眼望去，周圍的人和他長得差不多，沒人會注意他的身材，沒人會好奇地摸他的捲髮，沒人會因為他的膚色而投來懷疑的眼光。他也不用捲入關於種族話題的辯論中，更不用費力地在人群裡尋找歸屬感，因為他本身就屬於這裡。

歐巴馬發現，那些美國、歐洲和亞洲來的遊客從沒有感到過異樣的排斥，就好像自己根本就不是在國外一樣。而且別樣的膚色反倒使他們擁有了一種先天的免疫力，他們想去哪裡就去哪裡，想從事什麼工作也沒人干涉，反觀歐巴馬卻彷彿和這些不相干的鬥爭永遠地綁在一起。

按照肯亞的習俗，男丁才有繼承權，父親死的時候，莎拉媽媽沒有得到半分錢，對此，瑟圖妮姑媽向歐巴馬解釋說，老巴拉克（Barack Hussein Obama Sr.）曾經很慷慨，即便對那些在他人生窘困的時候不理不睬的人也是這樣。等老巴拉克重回政壇之後，那些曾經背叛過他的人也受過不少照顧。在她看來，老巴拉克得為自己和自己的家庭多考慮一些，把每個人都當家人，意味著每個人在他心目中都一樣重要，即便自己的孩子也一樣，這樣下去，最後的結果只會是沒有家人。

大草原的旅行結束後，一家人再次聚會，多一次聚會，就多一分溫馨，一群人團團圍坐共度相聚的美好時光，每一件往事都讓歐巴馬對這個大家庭多一點了解。從奶奶莎拉・奧尼揚戈（Sarah Onyango）口裡，歐巴馬了解到了父親真實的一面：學習出類拔萃但是調皮搗蛋，最後被校方開除；打個工賺不了多少錢還老是被炒魷魚；以及他從上遠距課程到上夏威夷大學的全過程。那時候老巴拉克寫了無數的申請投到美國的學

第一章　勇敢想像，夢想啟航

校去，和歐巴馬申請社區服務時的情形如出一轍。

歐巴馬跪在父親和爺爺的墳前失聲痛哭，用淚水發洩自己多年來茫然不知的痛苦，發洩從來沒有父親陪伴左右的酸楚。是該站起身來忘掉過去的時候了，心中那曾經揮之不去的虛構陰影已經煙消雲散，父親的形象是那麼真實而清晰。

這一次肯亞之行對歐巴馬來說，具有非比尋常的意義，他心中的偶像越來越清晰，他能清楚地捕捉到屬於自己的回憶，捕捉到他的祖輩生活的影子。經過這一次旅行，歐巴馬比先前更了解自己，更加堅定了自己實現理想的決心。黑人的境遇讓歐巴馬非常痛心，也讓他燃起了熊熊烈火。

在完成《無畏的希望》這本書之後，歐巴馬又一次來到了南非，這次他是和妻子一起來的，與上大學前那一次不同，這次為的是自己的政治目標。在南非，歐巴馬見到了已經退休的納爾遜・曼德拉（Nelson Mandela）和屠圖主教。歐巴馬心裡很清楚，沒有南非政府先前的種族隔離政策，他可能還不會投身政治。之後，他又去了肯亞。在奈洛比，他們像好萊塢的明星一樣家喻戶曉。

歐巴馬之所以要去南非，主要是因為南非是他的種族發源地。他對自己的祖輩所生活的地方一直沒有記憶，而在那裡他看到了屬於自己的東西，這些促使他毅然地投身到政治中，用自己的才華創造了屬於自己的一片天地。如果沒有南非之行，歐巴馬的認知不可能這麼完善，也不可能意識到自己的優勢所在，正是因為南非之行，他的腳步變得更加堅實有力了。

> 尋找站立的地方，讓腳步更扎實

雖然我們有時可以健步如飛，但是如果腳站不穩，身體擺不正，最終只會落得摔倒的下場，無論我們處於什麼樣的位置，都應該穩住自己的腳步，為自己尋找一塊可以站立的地方，如此才能成就一番大事業。

第一章　勇敢想像，夢想啟航

第二章

堅守信念,創造屬於自己的機會

第二章 堅守信念，創造屬於自己的機會

善於抓住成功的機會，
不放過每一種可能

> 機會只留給有準備的人。很多人在感慨生不逢時，抱怨上帝沒有為他創造成功的機會，但事實上，這樣的想法往往是錯的，因為當機會出現在眼前時，他們並沒有抓住，而是讓機會從眼前溜走。只有善於洞察機會並抓住機會的人，才可能獲得成功。

對於一個政治家而言，即使再優秀，如果生不逢時，或者不會在最恰當的時候將自己「賣個」好價錢，其結果與「高買低賣」，在別人賺錢的績優股中虧本，也沒有什麼兩樣。你可以說這是運氣，但更是一種把握機會的能力。歐巴馬這次盯上了伊州僅兩個名額的聯邦參議員一職，那可是一個州裡為數不多的最高政治職位之一。

聯邦參議員的名額馬上要進行改選，而當時的參議員彼得‧菲茨傑拉德（Peter Fitzgerald）看來在自己的職位上做得並不是很開心。這是因為彼得是個共和黨黨員，也是個政治實力非常不錯的政客，可是歐巴馬卻不這麼認為，他覺得彼得做得不是很順手，也不是一個很有業績的政治家。歐巴馬認為作為一個民主黨的挑戰者，他有很好的機會擊敗這位在任的菲茨傑拉德先生。

歐巴馬也深知，人脈和金錢及由此獲得的優勢選區選民的支持，才

> 善於抓住成功的機會，不放過每一種可能

是決定勝負的關鍵，而他在這諸多方面還幾乎是兩手空空。但歐巴馬喜愛政治，喜歡當個政治家。他認為自己能創造奇蹟。面對別人的反駁，歐巴馬說道：「我從政的目的是要改變政治和改變政治議題的優先度，是為了替那些平凡的人謀取他們應得的福利。我相信我能做到這點。但是，如果我繼續待在現在這個伊州參議員的位置上，即使再給我二十年的時間，我能做的事也很有限。」

同時，他的參選得到了家人的支持，當時歐巴馬的兩個女兒分別為2歲和4歲。如果他當選，最大的差別就是要從州府搬到首府，離芝加哥的家遠了一點而已。他的妻子和女兒一直住在芝加哥，況且他的妻子蜜雪兒也已經適應了這個「不顧家」的政治家丈夫了，他很容易就得到了來自家庭的支持。

很快，歐巴馬就洞察到了這個難得的機會，他告訴他的助手們和黨內同仁：這是一個難得的擊敗共和黨的機會，我們必須拿出最後的勇氣，背水一戰，置之死地而後生。正如歐巴馬所料，雖然近幾十年來的美國歷史，活躍在政治舞臺上的大多數是共和黨的人，民主黨的人偶爾會獲得一些機會。但是如今的共和黨正進入谷底，政治地盤正大面積失守，政治大環境對民主黨的人正有利。在共和黨內部除了彼得外，目前還沒有什麼強勁的對手，而彼得的政績不佳，人們埋怨較多。所以，對歐巴馬來說，這簡直是天賜良機，此時不戰，更待何時。

到了2003年1月，他正式宣布，決定競選民主黨的黨內提名，以便角逐聯邦參議員一職。他在心中已經做好了苦戰的準備，事實上，在幾個月之前，他就開始造勢了。有一次，他在芝加哥聯邦廣場的一次集會上，就慷慨激昂，大談美國捲入伊拉克戰爭後所面臨的危險，他認為

039

第二章　堅守信念，創造屬於自己的機會

那是一場錯誤的、不應該發生的戰爭。透過這次演講，歐巴馬成了當地反戰的領袖了，雖然那時他還只是芝加哥市的地區性名人，在伊州其他地方他還依然是默默無聞，就更別提在全國了，但他是民主黨正需要的鬥士。

更讓歐巴馬想不到的是，同年4月15日，在他正式宣布參選聯邦參議員後才幾個月，作為現任參議員的菲茨傑拉德竟然出乎所有人的意料宣布將不再參選連任。如此一來，歐巴馬避開了一個主要的競爭對手。這對他來說，是一件再好不過的事。

事實上，即使菲茨傑拉德參加選舉，也不會替歐巴馬帶來太大的麻煩。雖然現任者連任競選，通常有許多優勢。現任者是上一屆的贏家，曾得到過多數人的支持，人氣、勢力都超過他的競爭對手；現任者的知名度當然是歐巴馬遠不能比的，而要拉平這一點，也不是一件很容易的事。選舉對政治家來說很重要，但對許多小選民而言，只是名字的不同而已。沒有現任者連任競選，說明這個職位現在是真正完全開放了，都是新人，競選將會容易得多。所以事後，歐巴馬信心十足地開玩笑說：「我當時真的是相信自己能擊敗他，可惜他卻不給我這個機會。」最後歐巴馬成功當選聯邦參議員。

每個年輕人都是自己人生的設計師，可以說你的命運就是由一連串的機遇連結而成，如果一味抱怨失敗，而不去尋找和創造機會，將會讓你一事無成。你的一生是否精彩，關鍵在於你能否抓住人生的機遇，尤其是在你最有發展潛力的年齡階段。俗話說，機不可失，時不再來。只要抓住了機會，就可以乘風破浪，躍上成功的巔峰。如果錯失了機會，就可能讓唾手可得的成功擦肩而過，因而懊悔不已。在某種意義上，機

> 善於抓住成功的機會，不放過每一種可能

會也是一種非常寶貴的財富。世界著名的石油大王洛克斐勒（John Davison Rockefeller）在談到他的創業史時，也只說了一句話：「壓倒一切的是時機。」

所以，我們應該從失敗的抱怨中走出來，重新審視自己，給自己更明確的定位。如果我們埋怨不被機會光顧，在那裡自怨自艾，又如何才能獲得成功呢？在實踐活動中，如果年輕人能在時機來臨之前就辨識它，在它溜走之前就採取行動，那麼你就很可能獲得成功。

第二章　堅守信念，創造屬於自己的機會

認清自己的優勢，調整所處的定位

> 成功是建立在自己的優勢之上的，只有正確地認清自己的優勢，並將其最大化地發揮出來，才可能擊敗對手。每一個成功的人，都清楚自己的能力，更能準確地掌握自己的定位，這樣才能掌握局勢，做出最好的應對。

每個成功人士身上都會有一種氣場，而正是這樣的一種氣場才使他變得與眾不同。在歐巴馬身上有著其他人所沒有的敏銳感，它讓歐巴馬可以清楚地認清時局，並且使他對自己的優勢有著明確的掌握。

2007年1月16日，歐巴馬就在個人網站上宣告成立一個「考察委員會」，依據美國的傳統，在正式宣布參選之前設立「考察委員會」，為的是達到「指標」的作用，可以全面考察選舉的前景，包括選民的反應、媒體的報導、黨內大老的看法等等。1月17日，歐巴馬向聯邦選舉委員會提出了《歐巴馬考察委員會》的文件。依據美國的選舉法規，成立了考察委員會就可以募集選舉資金和僱用選舉工作人員。歐巴馬說：「我準備和全國各地各行各業的人交談，努力傾聽和了解這個國家所面臨的挑戰與機遇，以及總統選舉活動是否能促進國家整合。」

在決定是否參選之前，歐巴馬曾對他身邊的助手說，他認為希拉蕊

> 認清自己的優勢，調整所處的定位

(Hillary Clinton)是他獲得民主黨提名的最大障礙。他的助手們曾警告他說，曾經在 2004 年競選總統、後來成為約翰·凱瑞(John Kerry)的副總統候選人的愛德華茲(John Edwards)也不能輕視。很多人認為，歐巴馬的最大弱點是缺乏「經驗」，可是，他宣布競選的演說中對此直言不諱：「我知道我學習華盛頓派的時間不夠長，但是，我的從政時間又長得足以知道華盛頓派必須改變。」

如果我們分析美國當時的政治局勢，不難發現 2008 年是民主黨的豐收年。伊拉克戰爭的曠日持久，經濟發展的裹足不前，房地產市場的節節萎縮，都預告民主黨可以繼 2006 年中期選舉的勝利一鼓作氣拿下白宮。但是，從民主黨內部的情況來看，歐巴馬的參選顯得有點操之過急。

自 2004 年凱瑞競選總統失敗後，民主黨黨內就一直看好希拉蕊，而且，希拉蕊在 2006 年中期選舉中以高票連任聯邦參議員，而希拉蕊自己和她的助手也覺得民主黨最後的候選人非她莫屬。從經歷和經驗來說，歐巴馬其實並不占有什麼優勢：民主黨參選的候選人中，希拉蕊、拜登(Joe Biden)、杜德(Christopher Dodd)和尼克森(Richard Nixon)都有豐富的立法或行政經驗，而歐巴馬在華盛頓聯邦參議院的「年資」還不到三年。

雖然美國的人口結構近幾十年發生了巨大變化，白人所占的比重越來越小，但是他們是否已經成熟到可以把一個少數民族候選人送進白宮還不得而知。如果全面考察歐巴馬當時的情景，不難發現，歐巴馬的優勢和他的劣勢一樣顯著，甚至還有過之。因為他高大，英俊，聰明無比，而且擁有出類拔萃的口才和別人無可比擬的與人溝通的能力和魅

第二章　堅守信念，創造屬於自己的機會

力。在民主黨 2004 年的黨代會上他發表了膾炙人口的主題演講，成為黨內一顆冉冉上升的新星。並且他在芝加哥有雄厚的支持基礎，身邊有一批極為能幹和精明的助手，他們跟他一起奪得了 2004 年競選參議員的勝利。歐巴馬在進入參議院後，跟民主黨和共和黨的同事相處得很好，尤其是在年底中期選舉中，他為黨內同仁競選和募捐，建立了很好的人緣，在很多州都布下了自己可以使用的人際關係。

然而這些都不能成為歐巴馬競選總統最有利的武器，我們不能忘了，歐巴馬早在 2002 年 10 月就在芝加哥街頭發表了反戰演講，尤其是對他威脅最大的希拉蕊和愛德華茲在 2002 年都曾在參議院投票支持布希（George W.Bush）出兵伊拉克。2007 年 6 月 3 日，民主黨各候選人在新罕布夏州展開了一場辯論。希拉蕊在辯論中說她並不後悔自己當時投下的一票，她說：「投票的時候是真誠的」、「我是紐約州的參議員，我曾經親眼看到恐怖分子可怕地摧殘我們的國家，我認為現在我們比過去更安全了。」

在之後的整個競選中，希拉蕊一直拒絕為當時自己的投票道歉，而這種固執可能讓她最後丟失獲得提名的機會。愛德華茲 2002 年也投票支持布希，後來他承認自己當時並不了解整個情況，並為自己當時的一票向所有選民道歉。在宣布競選之前，歐巴馬的選舉資金募捐工具已經全部設置完畢。到 2007 年第一季結束，歐巴馬與希拉蕊募集到的選舉捐款不相上下。歐巴馬共募集到 2,500 萬美元，共有 10 萬人捐款，其中 5 萬人是透過網路捐款。在同一時間裡，希拉蕊共募集 2,600 萬美元。在第二季，歐巴馬募集到 3,250 萬美元，希拉蕊募集到 2,700 萬美元。

> 認清自己的優勢，調整所處的定位

　　只有歐巴馬自己能夠做出他是否參選的決定，他清楚地知道他會為此付出多少心血，他也知道他的家人會被捲入政治糾紛，他更知道失敗之後要再爬起來的艱難，但是他還是決定去一試身手。他之所以這麼做，是因為這與他的精神價值有關，是理想促使他邁出了這一步，同時他清楚地知道自己的能力，認為自己完全有可能勝出，並且他知道自己身在哪裡，對他所在的國家有著深深的愛和了解。

　　歐巴馬認為：美國人從本質上講是善良、溫和和講道理的，他只要能把他為什麼參選的道理講清楚，無論是白種人、黑種人、黃種人還是其他人種都會投他的票，因為他們都是美國人。

　　正是在這種情況下，歐巴馬以真誠贏得了美國選民的支持，以自己出眾的口才贏得了一陣陣喝采聲。他不放過每一個可能戰勝對手的機會，他勇敢地走出了常人不敢走的那一步，而當我們再度回首時，發現在他身上隱藏著不為人知的睿智，他及時地洞察了當時的局勢，認清了自己的位置，並以此為基點，給他的對手一次次致命的打擊，最終他成功了，成為美國首位黑人總統。

第二章　堅守信念，創造屬於自己的機會

把握機會，更需要堅定的信念

> 信念可以使貧困的人變得富有，可以使黑暗中的人看見黎明的曙光，可以使絕境中的人看到新的希望，可以使難以觸碰的夢想變為現實。如果一個人喪失了信念，那麼他的未來將會變得無比灰暗。所以請堅定自己的信念，讓未來的陽光更加燦爛。

每一個成功的人，除了擁有偉大的理想，還擁有非常堅定的信念，他們堅信自己的未來，相信只要透過自己的努力就能獲得成功，事實也是如此。正是這樣的一種信念，使得他們度過人生的谷底，抵抗生活無情的壓力。歐巴馬在競選美國總統之前，也曾遇到過不小的打擊。

歐巴馬是一個典型的和平主義者，他獲得了2009年諾貝爾和平獎，這可以說是給他最好的獎勵。在他堅持和平發展這條路線時，曾遭遇過很多的阻礙。在阿富汗戰爭之後，美國將矛頭對準伊拉克，美國方面堅持認為海珊（Saddam Hussein）擁有大規模殺傷性武器，對美國的國家安全構成嚴重威脅。與此同時，伊拉克驅逐了調查大規模殺傷性武器的聯合國核查人員，並且拒絕他們再次進入伊拉克。這一事件給讓布希總統有了藉口，他旋即要求國會授權軍事打擊伊拉克，美伊戰爭似乎已經是箭在弦上，一觸即發了。

在這種情況下，歐巴馬卻出人意料地站在了反戰的立場之上。他在

> 把握機會，更需要堅定的信念

芝加哥2002年10月2日的反戰集會上公開表達了自己的看法，他覺得貿然開戰對美國並沒有好處，而且會帶來國際化的影響。在布希的煽動和鼓吹下，海珊簡直就成了恐怖主義的代名詞，是美國國家安全明顯而現實的威脅。在這樣的環境下選擇和民意相左的態度，對歐巴馬來說是非常危險的，而且這也直接影響到他於2008年所參加的總統大選。

事實上，要想獲得民主黨的提名也並非一件容易的事，當時和歐巴馬一起競爭的民主黨員一共有七位，其中最大的威脅莫過於霍華·迪安（Howard Dean）。霍華是一個富有的商人，計劃斥資數百萬角逐提名，來勢洶洶，志在必得。面對霍華的進攻，歐巴馬則採取穩紮穩打的策略，他極力尋求非裔美國族群和黨內自由派人士的支持，其中包括著名的傑克遜（Jesse Louis Jackson, Sr.）牧師。那些真正為黑人著想、為人民服務的聲譽並非是靠金錢和廣告堆起來的，歐巴馬勤懇服務社區的紀錄和在州議會優異的表現有力地證明了他的能力和誠意。

黑人族群開始相信眼前這位有著白人血統的年輕人的確是他們最好的代言人，以前的質疑煙消雲散。對於白人來講，歐巴馬不是一個傳統的黑人，或者簡直就是一個白人。他的母親祖輩都是白人，他接受過白人的菁英教育，他在《哈佛法律評論》的事蹟被當作傳奇交口稱譽，他把自己所有的優勢都集中在這裡。最後，霍華因為個人婚姻問題一蹶不振，這無疑給了歐巴馬更大的機會。

在應對其他競爭對手的威脅時，歐巴馬的競選團隊發揮了巨大作用。阿克塞爾羅（Robert Axelrod）在電視宣傳方面巧手運作，讓歐巴馬的形象不斷提升，「是的，我們可以！」一時間成為讓所有人為之激動的競選口號。歐巴馬的追隨者相信「是的，我們可以！」的確能夠為美國汙濁

第二章　堅守信念，創造屬於自己的機會

的政治空氣帶來一縷清風，能夠為民眾的生活帶來實在的改變。投票結果揭曉之前，形勢對歐巴馬來說已經非常有利，最後歐巴馬以壓倒性的優勢獲得了競選。在選舉結束之後的慶功宴上，人群裡不斷發出「Yes, I can!」的呼聲，這種發自內心的支持和狂熱的場景是美國選舉多年未見的景象。

2004 年 7 月 27 日，面對 5,000 餘名代表，歐巴馬從自己的身世娓娓談起，展望美國未來的走向，整篇演講酣暢淋漓、妙語連珠，將大會帶向高潮。面對美國意識形態極化、黨派政治日益強烈的現狀，歐巴馬在演講中稱：「這裡不存在一個自由派的美國和一個保守派的美國，而只有一個美利堅合眾國。這裡不存在黑人的美國和白人的美國、拉美裔的美國和亞洲裔的美國，而只有美利堅合眾國，我們是一個民族，所有人都宣誓效忠星條旗，所有人都捍衛美利堅合眾國。」歐巴馬心中有一個融合團結的美國，而不是一個四分五裂的美國，所以他大膽地說出：「希望是上帝賜予我們的最好禮物，是這個民族的基石，是堅信不曾見到的前景，是堅信明天會更好。」

歐巴馬事後說：「我沒想到我的演說會引起那麼多共鳴。我其實就是想把我在競選中聽到的話描述出來，有關希望的故事，有關一般人天天所經歷的恐懼和鬥爭。人們在我的演講中聽到了他們自己的聲音，他們因此感到親切和興奮。」

這種樂觀、正面的精神感染了在場的所有聽眾，也感染了電視機前的美國人。正是因為歐巴馬出色的演講，他真誠的態度感染了所有的人，他成為民主黨最炙手可熱的政治明星，登上了邁向全國的政治舞臺。歐巴馬能成功地度過危機，與他心中堅定的信念有著直接的關係，

無論身處何處,他都相信自己的能力,相信自己可以實現自己的目標,他要做的不是自怨自艾,而是收拾好行囊,勇敢地前進。

一個生命能否戰勝厄運、創造奇蹟,取決於你是否賦予它一種信念的力量。一個在信念力量驅動下的生命即可創造人間奇蹟,這種信念對年輕人來說,更是一盞通向成功的明燈,沒有這種信念,成功就很難光顧,所以我們需要讓自己的意志更加堅定起來。

第二章　堅守信念，創造屬於自己的機會

機會源於充分相信自己的選擇

> 當我們面對現實與理想的衝突時，往往會覺得無所適從，如同生活在黑夜裡，看不到一點曙光。智慧的人總是會堅強起來，他們堅信自己的選擇，即使是前人沒有走過的路，他也會義無反顧地走下去，也只有這樣的人才能接近成功，揚起美麗的風帆。

如果一個人不能堅持自己的選擇，那他注定會一事無成。因為他的想法會被他人左右，他無法把握住成功的最佳時機。對這種人來說，機會往往是從他們手中溜走的，留下的只是永久的遺憾。對歐巴馬來說，雖然他獲得了參加總統競選的資格，但是他所面臨的困難仍然不小，因為他強勁的對手希拉蕊所展現出來的力量讓所有人側目。在民主黨內部選舉民主黨候選人時，歐巴馬和希拉蕊在各州的你爭我奪成為眾人關注的焦點。對他們來說，每個州都是一個目標，都是他們要攻占的城池。

然而，在美國總統大選之初，歐巴馬並不被人看好，尤其是在某些白人占優勢地位的州，在那些地方，一個名不見經傳的黑人很難被貼上領袖的標籤。但是歐巴馬沒有放棄這些地方，令人驚訝的是，歐巴馬卻拔得頭籌，在很多白人占優勢地位的州都以較大優勢取勝。歐巴馬正確地分析了當下的問題，打出了最漂亮的一副牌。

在談及這些問題時，歐巴馬說：「在一些重要議題上，尤其是在誰

> 機會源於充分相信自己的選擇

來帶領這個國家的議題上，人民的選擇會超越種族。」他對自己的支持者說，有些人不相信他們會取得成功，覺得他們是在做一件極其荒謬的事，那些人甚至說國家分歧太多以致意見難以統一，但是選民的正確抉擇讓評論家閉上了嘴。面對別人的懷疑，歐巴馬堅持了自己的選擇，他相信他會取得越來越多的成功。事實正如他所料，在以後的競選過程中，歐巴馬和自己的支持者用堅定的信念和頑強的意志取得了一次又一次的勝利。

但是選舉之路並非坦途，歐巴馬除了要抵禦對手的攻擊，還要抵禦對手的眼淚，這樣的方式讓人更難以招架。在一次與選民的見面會上，希拉蕊被問到如何化解選舉時的壓力時，竟潸然淚下。她說這麼多年來她一直在世界各地奔忙，她問過形形色色的人同樣的問題，現在她終於了解那個問題的含義，那是她與一般人之間的問候、了解和關懷。希拉蕊的這一表現感動了許多人，為自己拉了不少的選票。

面對希拉蕊的眼淚，歐巴馬並沒有驚慌失措，在接下來的辯論中，歐巴馬與希拉蕊僵持不下，當歐巴馬亮出自己曾在貧民社區工作過的經歷，以爭取這個州的黑人選票之時，希拉蕊狡黠地指出歐巴馬也做過見不得人的勾當。歐巴馬提出是未來對抗過去，不是黑人對抗白人，希拉蕊則呼籲選民不要被歐巴馬的謊話矇騙。兩人的勢均力敵也讓南卡羅萊納州的選民一時難以抉擇，他們最後不得不進行專門的討論。

歐巴馬就是這樣走過來的，每到一個州他都全力以赴地爭取最後的勝利。他腦海中從沒有放棄某個州的念頭，歐巴馬了解，再偉大的成功也是一點一滴累積的。爭取每一個州的勝利，確定每一個目標的實現和完成，才能不斷向最後的夢想邁進。這反映了歐巴馬的堅毅、勇往直前

第二章　堅守信念，創造屬於自己的機會

的特質，在歐巴馬身上閃現著不屈不撓的意志，他清楚地知道，只抓大目標而放棄小目標，不是他的辦事風格，也不是一個成功人士所應具備的素養。人們也在歐巴馬不斷前進的過程中慢慢接受他、認可他，真正地將他視為領袖。

正如林肯所說，噴泉的高度不會超過它的源頭，一個人的事業也是這樣，他的成就絕不會超過自己的信念。歐巴馬的成功離不開他的信念，他堅信自己的選擇是正確的，堅信自己走的每一條路都是對的，正是由於這樣的信念，他一路走，一路累積，慢慢改變了他在美國人心中的形象。正如歐巴馬所讚賞的一位偉大的工程師，他叫華盛頓・羅布林（Washington Roebling），他的故事給歐巴馬很大的感觸。

在西元 1883 年，富有創造精神的工程師約翰・羅布林（John Roebling）雄心勃勃地想要著手建造一座橫跨曼哈頓和布魯克林的大橋，他的這種想法在當時的橋梁專家們眼裡純屬天方夜譚，他們都勸說他趁早放棄這個不切實際的想法。但是羅布林的兒子華盛頓・羅布林卻不這麼認為，華盛頓・羅布林是一個很有前途的工程師，他確信這座大橋可以建成。最後，父子倆克服了種種困難，在構思著建橋方案的同時，成功說服銀行家們投資該方案。

可是，事情卻沒有他們所想的那麼簡單，大橋開工僅僅幾個月，施工現場就發生了災難性的事故。約翰・羅布林甚至付出了生命的代價，華盛頓・羅布林的大腦也因此受到了嚴重的傷害。當時許多人都認為這項工程會因此而泡湯，因為只有羅布林父子才知道如何把這座大橋建成。

> 機會源於充分相信自己的選擇

儘管華盛頓·羅布林喪失了活動和說話的能力，他的思維還像以往一樣敏捷，他沒有放棄自己的理想，甚至更加堅定了自己的選擇，他決心要把父子倆費了很多心血的大橋建成。有一天，他腦中忽然一閃，想出一種用他唯一能動的一個手指和別人交流的方式，他用那根手指敲擊他妻子的手臂，透過這種密碼方式由妻子把他的設計理念轉達給仍在建橋的工程師們。如此一來，華盛頓·羅布林花了整整十三年的時間，就這樣用一根手指指揮工程，直到雄偉壯觀的布魯克林大橋圓滿落成。

我們在感慨命運不公的時候，是否想過其實命運並不會把我們推上絕路，關鍵在於，在面對打擊的時候，你是否能一如既往地堅持自己的選擇，一如既往地沿著自己最初設計的路走下去。歐巴馬如此，華盛頓·羅布林也是如此，他們的成功並不是偶然，而是由無數的信念集中起來，他們將心中的那一盞明燈點亮，一步一步地向著自己的目標前行。

第二章 堅守信念，創造屬於自己的機會

當機會來臨，我們要有足夠的信心

> 一個人不可能事事順利，不管遇到什麼困難，不管歷經多少失敗，都要努力去戰勝困難，努力克服當下的不足，要像那無所畏懼的蒼松一樣，即使面臨強大颶風，也傲然挺立，也只有擁有如此堅定的信心，成功才會光顧你的門窗。

對於未來，我們應該抱有足夠的信心，不能因為困難就改變自己的想法，那樣只會讓你流於形式，使自己的想法埋於萬千塵土之中。歐巴馬在競選總統時，美國正面臨著前所未有的災難，一場金融海嘯即將襲來，而他作為全美國人的希望，肩負著萬千使命，可以說他必須有足夠的信心才能勝任這份工作。

歐巴馬喜歡自比約翰‧甘迺迪（John F. Kennedy），他與甘迺迪在某些部分具有相似之處。在國內經濟形勢方面，甘迺迪參選的1960年，美國正面臨生產過剩的困境和嚴重的金融危機。在國際上，又正處於冷戰最嚴峻的時刻，美國的實力和地位受到了嚴重的挑戰，人們對執政的共和黨政府怨言很多。歐巴馬參選時，美國的經濟狀況也很糟，而且伊拉克戰爭對國力和國際形象的損傷也很大。雖然冷戰早已結束，但俄羅斯和中國、印度等國家在經濟上的持續快速成長也在動搖著美國的霸主地位。

> 當機會來臨，我們要有足夠的信心

就個人背景而言，兩個人都很年輕，都被政敵指責缺少經驗。甘迺迪家族在財力上異常強大，但他的愛爾蘭血統和天主教信仰備受責難。歐巴馬的黑人身分，受到黑人的全力支持，他小時候的伊斯蘭背景，亦受到了類似的責難。在甘迺迪競選總統時，他強調的是：不要問國家能為你做什麼，應該問問你又能為國家做點什麼呢？那是在 1960 年，國家正面臨危機，人們希望國家強大。

而這次，擺在歐巴馬面前的是，一系列問題讓民眾生活品質受到影響，人們希望過得更好一點，而國力和國家的聲望似乎還沒有遇到什麼明顯的威脅。於是，歐巴馬提出了正好相反的口號：我們得問問國家到底為你做了什麼和應該做什麼，我們的政府並沒有做好服務於民的工作，我們需要一種「變革」。

當時與甘迺迪所處的時代完全不同，和蘇聯的冷戰早已經過去了，以對抗為主旋律的政治形勢，已經被在競爭中合作和在合作中競爭的新經濟與政治形勢所取代。美國正面臨著次貸危機、伊戰、油價過高和製造業大量外移等許多經濟與社會問題，人們急需政府做更多的事情來服務民眾。這時提出國家應該為民眾做些什麼，則是一個更能鼓舞人心的口號。

我們應該注意，美國政治家普遍有個特點，就是強調問題的可怕之處，強調問題的嚴重性，讓民眾感到一種恐懼，然後，再告訴他們：我是你們的救世主，只有我才能將你們從苦海中救出來。而這一招在許多情形下還真的很有效，歐巴馬相信自己可以成功，事實上他也是這樣做的。

歐巴馬的主要政論基本上都集中在他於 2006 年出版的那本《無畏的

第二章　堅守信念，創造屬於自己的機會

希望》裡面。在該書出版之時，美國《時代》週刊同時發表了一篇〈下一個總統？〉的專題文章，而且週刊選定了歐巴馬作為該期的封面人物，這象徵著美國主流媒體已經認可了歐巴馬作為一位很有前途的政治明星的地位。對於那些以自由派為主的各大媒體，他們對歐巴馬更是青睞有加。他們發現了歐巴馬與甘迺迪的相似之處，給歐巴馬「又一個甘迺迪」的稱號，並稱他是民主黨近幾十年來少有的有想法兼有能力的政治家。

歐巴馬之所以能壓倒希拉蕊，與他所強調的「服務於民」的平民主義有著直接的關係。首先，他發跡於平民階層，來自芝加哥南區那個相對貧困的社區；其次，在他競選伊州參議員時，又深入基層，驅車跑遍了伊州的所有州郡，了解民情，他每到一個地方，都會盡量聽取他人的意見，而不是去發言，他說：「我盡量不說話，而只是用心傾聽他們的心聲，儘管有時候能抽空來見我的，只有令人尷尬的一兩個人。」

為了貫徹他的平民主義，歐巴馬幾乎跑遍了所有他能去的地方，與人們閒話家常，內容大部分只涉及一般的電視娛樂節目，有時也涉及比較嚴肅的政治話題。在政治話題方面，不管來的人所說的是對布希政府的痛恨，還是對民主黨本身的憤怒，他都會認真地去聽取他們的意見。透過深入基層的廣泛視察，歐巴馬的內心產生了一股強而有力的信念，那就是：對於一般的美國民眾，有一種深深根植於他們內心深處的美國精神，存在著一些共同的理想與信念，而這些精神、信念和理想，並不會因為經濟的繁榮或蕭條而變化，也不會因為國家政策的變化而變化，在每一個美國人心中，都有一個屬於美國特有的信念。

在歐巴馬的競選演講中，他宣稱：目前，美國正在走向信念和觀念上的兩極分化，不同黨派之間長期的文化對抗，讓民眾無所適從，他們

> 當機會來臨，我們要有足夠的信心

已經很難再信任任何一方了，我們的政治家和眾多人民之間已經越來越沒有共同語言了。

歐巴馬深入到美國人民之中，最切實地了解當下美國人民的期望，他從他們的期望裡懂得一個合格的政治家該如何去經營這個國家，這也是為什麼他能夠扭轉自己的劣勢，成功當選為總統的原因。因為這個國家太需要實際做事的領導者，需要能替美國帶來正確發展方向的領導者，而歐巴馬正好符合了大眾的期望，他對未來充滿了希望，對美國的發展充滿了信心，對自己的理想更是信心滿滿。

信心對年輕人來說是奮鬥的潤滑劑，如果沒有信心，所有的奮鬥都將成為空談，更不用談成功。信心是一種自我的認同，還是一種自我的認可，我們在年輕的時候就應該培養或是擁有這樣的一種能力，讓自己能夠更好地了解自己，讓自己的腳步變得更有力、更堅實。當機會來臨的時候，我們要有足夠的信心去面對，沒有信心或是信心不足，就會優柔寡斷，最終只會讓機會白白溜走。

第二章　堅守信念，創造屬於自己的機會

第三章

突破自我，成功的祕訣在於心態

第三章　突破自我，成功的祕訣在於心態

生活不會完全公平，你必須學會適應

> 生活不會完全公平，每個人的出生也不會完全相同，如果一味地糾結於此，那麼很難想像成功會光顧你。只有學會適應生活的不公，才有可能從內心深處爆發出無限的潛力，讓自己更有勇氣去尋找屬於自己的成功。

生活中總有一些人在抱怨世界不公平，羨慕別人的生活。世上沒有完全公平的事，有的人是因為出身低微，有的人則是明明很有能力卻得不到賞識，這類事在生活中比比皆是，幾乎每一個人都遇到過，可是仍然有很多人獲得了成功，而有的人則剛好相反，他們落於俗事之中，最終一事無成。可是當我們遇到生活中的不公平該怎麼辦呢？難道只能怨天尤人，自怨自艾？事實上，有這樣想法的人，都是錯誤的。因為他們沒有完全正視自己所處的位置，不了解上帝給予每一個人的都不相同，不可能完全公平。

歐巴馬出生於一個黑人家庭，他兼具黑白兩種膚色，雖然美國宣揚自由平等，可是種族歧視還是存在的，尤其是在學校裡，黑人相對白人來說，完全得不到同等的教育，他們仍然過著非常艱難的生活。正是在這樣的情況下，歐巴馬在小時候所面臨的不僅是貧窮的生活，還有來自

> 生活不會完全公平，你必須學會適應

同伴們的歧視，以及小朋友們異樣的目光，他甚至都不知道自己的父親是誰，所以，他只好從小就生活在外公家裡。

外公一家竭盡全力保護歐巴馬不受種族歧視的傷害。他們努力把歐巴馬的父親塑造成高大光輝的形象，讓孩子相信自己是名門之後，出身不凡。每個故事的細節都仔細設計，小心翼翼地迴避小孩子滿是問題的腦袋。儘管父親無法陪伴左右，照片和數不勝數的故事卻總是讓歐巴馬覺得他就在自己身邊。歐巴馬從來不缺乏父親般的關愛，在保護他不受種族歧視傷害的同時，外公扮演起代理父親的角色，可是孩子終究是要長大的，歐巴馬的問題一天比一天多，而對於歐巴馬一家人來說，最棘手的問題莫過於：既然爸爸這麼偉大，為什麼我從來沒有見過他呢？

在我們小時候，最喜歡模仿的就是父親，也只有父親才能讓小歐巴馬感受到精神偶像的力量，可是他卻是在對父親的幻想裡長大的。這讓歐巴馬受到了同伴們的嘲笑，即使是在黑人同伴中，也是如此。如果歐巴馬糾結於此，並在別人的取笑中喪失對理想的鬥志，那麼他就不可能有今天的成就。因為他面臨的不僅僅是不公平的出身，還有來自社會的巨大壓力，那種種族不被認同的壓力，對很多小孩子來說是一種毀滅性的打擊，但是小歐巴馬非常堅強，他從小就擁有了非凡的夢想，並因此有了與眾不同的力量。

在歐巴馬4歲那年，母親安・鄧納姆（Stanley Ann Dunham）與一位來自印尼的男子洛洛・索托羅（Lolo Soetoro）再婚。他們兩人大學時便認識，交往兩年之後決定結婚。婚後不久洛洛回國，歐巴馬和母親隨後遷往印尼。對於母子兩人來說，這個國家是嶄新的，安藉此機會「擺脫」了小心謹慎的父母，打算調整好心情做點能展現自己價值的事情，歐巴馬

061

第三章　突破自我，成功的祕訣在於心態

　　則對印尼數不清的島嶼產生了濃厚的興趣。除此之外，巨大的石佛和稀奇古怪的神靈以及兒時玩伴小猴塔塔，這些異域文化深深地印在了歐巴馬的記憶中。

　　歐巴馬和母親安、繼父洛洛、同母異父妹妹吳瑪雅（Maya Kasandra Soetoro）在一起，由於家境不是很好，歐巴馬沒辦法就讀國際學校，只能被安排到本地的普通學校，在那裡人們都叫他貝瑞，但這並不影響歐巴馬的遠大志向，他在一年級的時候寫過一篇文章，題目叫〈我想當總統〉。這樣一個夢想在其他小朋友眼裡看來可能是天大的笑話，可是歐巴馬卻不這麼認為，他甚至相信自己可以實現這一點，並把這當作自己的奮鬥目標。因為在三年級寫的作文〈我的夢：長大了想做什麼〉中，歐巴馬再次寫到自己的理想是當美國總統。這充分說明了在歐巴馬幼小的心靈裡，美國總統的夢想深深地扎根，小歐巴馬要做的是，讓它生根發芽，並長成一株參天的大樹。

　　歐巴馬的夢想就是當上美國的總統，這與其他的小朋友幾乎是相同的，可是唯獨歐巴馬成功了，難道說這是上天的眷顧，讓他有了一個不錯的繼父，讓他有了實現夢想所需獲得的良好教育？事實上，確實如此，他的繼父對他就像自己的親生兒子一樣，並為他制定了全新的教育計畫，這是因為歐巴馬有強烈的求知欲，已經展現出了超乎常人的能力，也正是在這種能力的驅使下，他的繼父讓他受到了良好教育，特地為他報名一個美國的遠距學習課程，讓他像父親當年那樣透過間接的方式獲取知識。

　　的確，歐巴馬因為出身的不同，受到了同伴的歧視，可是他沒有放棄自己的目標，反而把這樣一種歧視化為了奮鬥的動力，因為他要改變

生活不會完全公平，你必須學會適應

的就是美國人現有的癥結，讓每一個美國人都能得到相同的待遇，不管你是白人，還是黑人。也許正是因為早年上帝對他的不公平，才造就了他非同一般的夢想，也造就了他獨特的魅力。

這種不公平的轉化讓歐巴馬變得更有動力，使他的心態變得更加成熟，使他的心智變得更加堅韌。在無數的不公平中，歐巴馬把自己的潛力慢慢地釋放出來，把隱藏在自己內心深處的那種憤怒完全地轉化出來，讓他的力量無限壯大，讓他擁有了非凡的智慧和力量。

年輕人不應該過多地去強求不屬於自己的東西，得不到未嘗不是一種美好的缺憾，它會使人永遠擁有希望和信心，從而努力不懈地去追求。而終日停留在抱怨哀嘆中，只是浪費生命，虛度光陰，毫無意義。年輕人很容易去抱怨上天的不公平，而這些抱怨讓他們為自己的無所作為找到了藉口，所以這些人最終並沒有做出什麼成績來。我們要改變這種心態，理性地對待生活中不公平的事，將這種不公平轉化為前進的動力，使其成為鍛練自己的最佳方式。

第三章　突破自我，成功的祕訣在於心態

成功沒有捷徑，
需要勤勞的汗水來澆灌

> 一個人想要成功，就應該付出應有的努力，如果他只是坐在原地幻想，那麼他永遠也不可能獲得成功。與之相同，任何一個偉大的人，都不是一下子就變得偉大的，他們為了成功付出了許多的努力，用自己的汗水和辛勞澆灌理想之花。唯有付出努力，才能摘得香甜的果實。

做任何一件事，如果你沒有為之付出應有的努力，那麼這件事很可能就會以失敗而告終，成功不可能不勞而獲，更不可能是一種幻想。要做好任何一件事，都需要相應的付出，都需要相應的努力，都需要相應的汗水，只有如此，才能把這件事做好，才能得到應有的回報。

如果歐巴馬在擁有了總統夢之後，一直在那裡幻想，而不去為自己拉取相應的選票，那麼，我們就看不到今天的歐巴馬了。相反，歐巴馬在總統選舉一開始就處於劣勢位置，這就要求他必須比對手付出得更多，才有可能將對手打敗，不然他就只有失敗這一條路了，那麼他的總統夢也將付諸東流。

歐巴馬回到芝加哥後指導了一次選民登記活動，這直接導致該市 19 個非洲裔選區的選民登記人數第一次超過了 19 個主要白人選區，黑白選

> 成功沒有捷徑，需要勤勞的汗水來澆灌

民人數比達到 67.6 萬比 52.6 萬。1992 年 11 月，有 50 多萬在芝加哥的非洲裔選民去投票，從而改變了芝加哥的選舉形勢。歐巴馬因此被當地雜誌譽為「一顆政治新星」。

從這一件事中，我們就可以看出歐巴馬非凡的領導才能，和對美國現狀的深切掌握，他將自己非凡的個人魅力轉移到工作中，完成了許多難以完成的事，而每一件事背後都有著他不屈不撓的努力來做支撐。他能做好一件事，並不只是依靠自己的能力，而是將勤勞與智慧結合在一起，如此才創造出了許多非凡的奇蹟。

作為一名公民權利律師、教師、慈善家以及自傳作者，歐巴馬說自己從政是為了推動社區組織建設。儘管理解程度還很淺薄，但其在 1996 年競選伊利諾伊州參議員時的選舉方式卻很高明。民主黨初選時，歐巴馬質疑他的三個對手在投票請願書上簽名的有效性，其中包括一名有資歷的芝加哥活動家，一名競選聯邦參議員失敗後又想坐回原本位置的州參議員，結果他們全都被迫退出，這樣歐巴馬自動成為民主黨選民集中的第 13 區的提名人。1996 年，35 歲的歐巴馬從芝加哥第 13 區──海德公園區，以大幅的優勢被選入伊利諾伊州議會，兩年後歐巴馬如願取得連任。

如果歐巴馬只滿足於他所取得的成績，並且停下了向未來前進的腳步，那麼他就可能永遠只在這樣的一個平臺上，但是他沒有如此，他寧可更辛苦，寧可更累，也要進入他所夢想的白宮。所以與其他候選人相比，他更具備領導者的特質，更加適合這樣的職位，因為他用自己的勞動做出了許多利於美國人民的事蹟，他能讓更多的伊利諾伊州人獲得實質性的利益，所以他的連任理所當然。

第三章　突破自我，成功的祕訣在於心態

但是，此時的歐巴馬仍然是一個微不足道的州參議員，一個得不到非洲裔族群支持的非洲裔政客，一個芝加哥權力核心的邊緣人。

2002年秋，在州議會待了不到六年的歐巴馬，找到該州新上任的參議院民主黨領袖吉姆‧瓊斯（Jim Jones），說服後者讓他代表伊利諾伊州民主黨競選2004年的聯邦參議員。這是個比他兩年前落選的國會眾議員席位更重要的位置，但瓊斯看好歐巴馬的潛力，願意冒這個險。有了瓊斯的幫助，歐巴馬更是一路順暢。瓊斯利用他的影響力打擊黨內其他參選人，為歐巴馬贏得了關鍵的競選條件，還幫歐巴馬組織了龐大的非洲裔支持隊伍——這些條件都是歐巴馬先前所沒有的。

歐巴馬沒有把所有的希望寄託於此，他沒有停下自我改造的腳步。他從2000年開始造訪區內各個黑人教堂，學習黑人牧師講話的節奏和誇讚的神態，幾乎從不錯過每個星期在黑人教堂發言的機會，不斷強調自己對於基督教的信仰。

此外，在長期的法律工作經歷中，在酒吧裡的撲克牌聯誼中，歐巴馬也得到了很多小鎮律師的支持。這種平民化的生活，讓歐巴馬離底層更近，離美國窮苦人民更近，並且，他獲得了他們的支持，這些都是成功的保障。而為了獲得選舉經費，歐巴馬一家甚至把公寓拿去抵押了。最終，由於他的對手捲入家庭虐待事件，歐巴馬以52.8%的支持率贏得了伊利諾伊州民主黨聯邦參議員候選人的資格。

歐巴馬作為一名黑人，能夠當選聯邦議員可以說是一個奇蹟，雖然他並不是第一個當選聯邦議員的黑人，但是他的這種成就足以讓人矚目。而且他的當選完全可以看作是為2008年的總統選舉做鋪陳，所以他的當選對他的一生來說，是一個非常重要的轉捩點。但是，我們不能忽

成功沒有捷徑，需要勤勞的汗水來澆灌

略了，歐巴馬為了消除種族歧視，為了獲得更多的選票所做出的努力，他的這種努力才是催化他成功的直接因素，而並非僅僅依靠他非凡的能力。

一個人要想獲得成功，就必須為之付出相應的努力，世上沒有白吃的午餐，也沒有不勞而獲的道理。只有為夢想不停歇地努力，才能讓夢想之花開得更加茂盛，才會讓夢想在現實中變得可能。如果你只是坐在原地幻想，只是期待大餅有一天從天而降，那麼你永遠也不可能成功。

天上不會無緣無故地掉餡餅，世間也不會有不需付出的收穫。在我們年輕的時候想要獲得事業上的成功，就必須具備付出的心態。有句話說：人人為我，我為人人。當你為別人付出的時候，不要認為是為別人做事就可以隨意應付，其實這都是為你自己的將來做投資。

人生的高度是由付出的多少累積的。有個哲人這樣說過：人生是算總帳的過程，不要計較眼前的得失。放眼望去，人生之路那麼漫長艱辛，能時時付出，不計得失，難能可貴。成功是需要不計得失，持之以恆地付出的。美麗的蝴蝶在展翅飛翔之前，必會經歷一個艱苦的蛹期，假如它沒有在蛹期不斷地努力和付出，它永遠只是一條不起眼的毛毛蟲。同樣，每一個成功的人，在其成才的路上，都付出了巨大努力。

所以，我們不要抱怨工作的辛苦，不要埋怨生活的疲憊，這些都是成功的道路上必須經歷的，而且現在我們正年輕，此時不吃苦，更待何時？現在的苦是為了明天的樂，所以我們要讓自己的心更明澈，調整自己的態度，為更好的明天奮鬥。

067

第三章　突破自我，成功的祕訣在於心態

放低姿態，從最基礎的地方做起

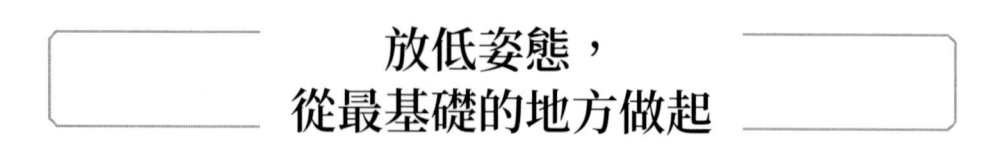

> 實現理想是一個很漫長的過程，並不是每一個人都能夠成功，因為很多人要麼好高騖遠，要麼沒有堅韌的毅力，最終都讓理想變成了空想。在生活中，這樣的例子不在少數，年輕人更應該注意，現在我們年輕，還有本錢去奮鬥，所以我們要從最基礎的地方做起，要一點一滴地累積，只有如此，理想才會變得不再遙遠，你的腳步也會變得更加堅實有力。

每一個偉人心中都有一個特別的目標，也正是這個特別的目標，才讓他們變得與眾不同。可是，我們不能只看到他們光彩的一面，更應該看到他們為實現理想所付出的努力。因為有夢想的人不一定就會成功，理想再美好，也要一步一步地去做，從最基礎的地方做起，夢想才能變成現實。

歐巴馬的偶像林肯就是個腳踏實地的人，從林肯身上，歐巴馬學會了無論做什麼事情都不要急於求成，他了解急於求成往往會自食惡果。歐巴馬年輕的時候先在社區服務，他兢兢業業，每項工作都做得仔細、踏實。他有一飛沖天的野心，但野心是激勵自己前進的，不是干擾自己做事的。從社區服務人員到州議員、參議員，歐巴馬都秉持一貫踏實、

> 放低姿態，從最基礎的地方做起

本分的做事方式，出色地完成每一項工作。他的這種辦事作風屢次得到同事的讚揚和仿效。人們從內心覺得，只要把事情交給歐巴馬，他一定完成得非常出色。選舉的時候，歐巴馬每天都要面對許多事務，他依然保持踏實的辦事作風，每個環節都井然有序。他的朋友、支持者看在眼裡，人們覺得在歐巴馬的身上看到了林肯的影子，一樣的腳踏實地，一樣的偉大。這就是眾多民眾選擇歐巴馬的原因。有人說這是美國人民將對林肯的思念寄託在了歐巴馬的身上，而歐巴馬本身就是領袖。

歐巴馬在念大學的時候，就開始特地培養自己的能力，讓自己的知識和視野變得更豐富。有一天歐巴馬問一個黑皮膚的女孩喬伊斯是不是去參加黑人學生聯合會的會議，她很好笑地看著他，說道：「我不是黑人，我是多民族的。」

她說她的父親是義大利人，而她的母親有一部分的非洲血統、一部分的法國血統、一部分的美國和其他血統。「為什麼我要選擇屬於哪個種族呢？白人不會讓我選擇，也許過去他們會，但是現在他們願意把我像個人一樣對待了。反而是黑人總要把每件事情都與種族聯想在一起。是他們讓我選擇，是他們總是告訴我我不可能是我現在的樣子。」

歐巴馬認為，這就是喬伊斯這一類人的問題。他們總是提到自己多民族的遺傳基因，你會注意到他們總是在刻意躲避黑人。與其說這是一種選擇，不如說這是一種引力，少數民族的文化總是會同化到主流文化中，而不是相反。在喬伊斯這樣的人身上，歐巴馬發現，他們的各種怪毛病，他們的談話，他們心中的迷茫，在自己身上都能找到影子。

這一認知讓歐巴馬感到害怕。他們對種族的混淆讓歐巴馬開始懷疑自己的種族認同。他要讓自己與這些人保持距離，從而說服自己是不妥

第三章　突破自我，成功的祕訣在於心態

協的，自己是清醒的。

在歐巴馬看來這種疏遠是遠遠不夠的，因為學校裡有很多激進分子，他們大多數是白人，很樂意表現出寬容。這種做法使歐巴馬無法得到他需要的距離，他刻意與喬伊斯這樣的人保持距離，想要擺脫自己的過去，所以，他必須確立自己的立場，對黑人族群表現出忠誠，要有具體行動，要勇於指名道姓。可這樣的做法並沒有讓歐巴馬感到愉快，他覺得自己生活在謊言中，他刻意去做一些事情證明自己的黑人身分。

歐巴馬從一開始就確定了自己的黑人身分，並以此為實現理想的關鍵處，並沒有刻意去迴避什麼，反而他將這種意識轉化為自己實現理想道路的一部分。他讓自己有更多的機會去接觸底層社會，去關心和體驗他們的生活模式，而這些對歐巴馬來說是難得的財富。他們不僅鍛練了歐巴馬出色的觀察力，還告訴他美國最基本的東西，那就是人民，只有人民擁護的總統才能做得長久，只有被人民愛戴的總統才能實現不朽。

試想，如果歐巴馬沒有這種黑人意識，或是刻意逃避這種黑色的皮膚，那麼他會這麼容易看清美國的現狀嗎？或許，他會像眾多擁有美國總統夢的青年一樣，到最後只是做了一場美妙的夢而已。但是歐巴馬沒有，他所做的事都是從最基礎的地方開始的。他的夢想也是起步於最平實而簡單的美國人的生活之中。也正是如此，才造就了非凡的歐巴馬，才誕生了美國歷史上第一位黑人總統。

事實上，由於缺乏實踐經驗，大多數人在踏入社會的時候都得從最基礎的工作做起。尤其是剛畢業的大學生，不要覺得自己有相關專業的基礎和優良的學習成績，就不願意從簡單的工作做起，或是對簡單的工作有諸多埋怨。

> 放低姿態，從最基礎的地方做起

所以，在你還默默無聞不被人重視的時候，不妨試著暫時降低一下自己的物質追求或事業目標，做好普通人、普通事，這樣你的視野將更開闊，或許會發現許多意想不到的機會。如果我們能擁有埋頭苦幹、鍥而不捨的精神，有在平凡中求偉大的品性，那麼離成功也就不遠了，離順利地將自己推銷出去也就不遠了。

在實現理想的過程中，我們要學會停止抱怨，從基礎工作做起絕對是有必要的。它可以讓你了解工作的所有流程，可以培養你吃苦耐勞的精神，可以養成你認真仔細的態度，能讓你在晉升高位後更深刻地理解一般工作的重要性。

為了實現夢想，我們需要從最基礎的地方做起。年輕是我們的本錢，青春是我們用來奮鬥的，擺脫好高騖遠的心理，一點一滴地累積成功的經驗，只有如此，理想才會變得不再遙遠，你的腳步才會變得更加堅實有力。

第三章　突破自我，成功的祕訣在於心態

態度決定你能走多遠

> 無論我們做什麼事情，嚴肅認真的態度必不可少。很多失敗正是緣於一個小小的疏忽，再長的河堤，也會因為螞蟻洞而潰決。所以，我們做每一件事都必須認真地對待，絕不可以馬虎或是應付，否則成功只會離你越來越遠。

任何一種成功都離不開嚴肅認真的態度，也離不開平和鎮定的心境，因為前者可以讓你對待每一件事都保持百分之百的創造能力，它可以讓你很出色地完成這件事；而後者可以讓你無論面對什麼事情，無論遇到什麼困難，都能冷靜下來，從而思考最好的解決方式。

對歐巴馬來說，這兩種能力更是尤其重要，而且他也一再地強調總統就職所必需的條件。歐巴馬提醒我們：「總統職位，有一點我很清楚，不能把它當作追逐名利、實現野心的工具，這就需要一種鎮定冷靜的心境和嚴肅認真的態度。」正是因為他這種意識，使得他對待每一件事都保持著這樣的態度，所以也只有他才能獲得成功。

希拉蕊和歐巴馬之所以引得民主黨內部傷腦筋，是因為兩人的可選性並不重疊，甚至在多個方面存在對立的特徵。歐巴馬認為這是未來和過去之間的一次交替，而希拉蕊則認為這是經驗之間的較量。歐巴馬從一開始就反對伊戰，希拉蕊在大部分時間裡都是支持伊戰，只是在戰況

急轉直下，美國國內民怨沸騰之後，才對此表示批評。

希拉蕊憑自己在民主黨內的多年累積與經營站上候選人的舞臺，而歐巴馬則以初生之犢不畏虎的氣勢招徠了不少新的選民。「不少人在尋找能夠讓他們看到希望的領袖，尋找能夠打破現有僵化政治格局的人物。這些選民是歐巴馬可以依靠的對象。希拉蕊則希望以自己的經驗和優異的從政紀錄吸引選民，同時做出一些改變。」民主黨民意調查專家這樣說，他在整個初選中一直保持中立的態度。

可以說，希拉蕊和歐巴馬都在創造歷史，但是他們的成就不能被簡單地插上性別或者種族的旗幟。歐巴馬的確是一個黑人，但是他的這次選舉和1984年傑西‧傑克遜（Jesse Jackson）的選舉完全不能比較。作為一位以民權運動起家的領袖，傑克遜的選舉自始至終就是一次民運觀念的宣傳和運用，矛頭直指種族問題。歐巴馬呢？他也許最終也能達到這樣的效果，但是他的選舉理念從一開始就建立在高於種族問題的層面上。他在演講中有意迴避種族問題，而一直使用「整個美國」、「所有美國人民」作為呼籲對象。同樣，希拉蕊登上民主黨最高政治舞臺並不主要是因為她的性別，而在於她和柯林頓的強強聯手，在於她對民主黨的貢獻，在於曾經第一夫人的聲譽以及現任參議員的影響力。

面對希拉蕊的女性主義，歐巴馬並沒有感到奇怪，也沒有因此而亂了陣腳，他不僅清楚地意識到自己的優勢，而且對自己的能力更是具有足夠的信心，他相信自己可以打敗對手，他也堅信自己能獲得美國人民的青睞。因為他清楚地知道，對美國人民來說，改善底層人民的生活遠比女權要來得真實得多。所以在他看來，美國人民最終會站在他這邊。事實正如歐巴馬所料。

第三章　突破自我，成功的祕訣在於心態

　　希拉蕊和歐巴馬不能被簡單地打上性別或者種族的標籤，並不意味著性別或者種族因素在這次初選中的作用不重要。憑藉什麼獲得入場券是一碼事，選用什麼策略進行遊戲是另一碼事，性別與種族話題其實一直都是兩人可以使用的競選武器。那麼，這兩張牌到底如何？客觀地講，希拉蕊的「性別」牌要比歐巴馬的「種族」牌使用風險更低，畢竟美國的「性別大戰」在1970年代之後便進入了癒合期。

　　作為美國國會歷史上第一任眾議院女議長，南希·裴洛西（Nancy Pelosi）的出現讓那些對「女性地位」敏感的選民充滿了對「女總統」的期待。希拉蕊的新聞發言人霍華德·沃夫森（Howard Wolfson）承認：「強而有力的女總統候選人的確能讓選民激動，尤其是對年輕和女性選民。」但另一方面，女議長的出現也降低了女性選民對女總統的渴望。與「性別問題」相比，「種族問題」則是難以名狀，幾百年來死而不僵。整個美國社會選擇小心地將種族問題擱置在一邊，但是問題卻一直都存在。

　　在這樣的情況下，要打「種族」這張牌得冒巨大風險，屬於「殺敵一千，自損八百」的招數。更嚴重的是，原本聚集在歐巴馬周圍，由男人女人、黑人白人、老人青年、知識菁英、下里巴人組成的有機整體可能為此變得「電解質失衡」，四分五裂，從而最終削弱凝聚力。歐巴馬在選情占優勢的情況下是絕對不會出這張牌的，即便是在不占優勢或者對手主動挑起的情況下，也會趨吉避凶地應對。

　　種族可以說是歐巴馬競選總統最大的障礙，可能會因為這樣一件事使得他所有的努力都付諸東流，但是歐巴馬用自己的熱誠和執著贏得了美國人民的接納和支持。這不僅因為他為美國人提出了很多很實用的見解，也因為他用認真平和的心態一點一滴地兌現自己的諾言，他讓整個

美國感受到他的努力,讓每一個美國人覺得,只有他才能真正帶領美國走向新的巔峰。

一個人是否能獲得成功,主要在於他的態度,這也是成功人士與失敗者之間的主要區別。成功人士始終以正向的思考、最樂觀的精神和最輝煌的經驗支配和控制自己的人生。失敗者卻剛好相反,他們的人生是受過去的種種失敗與疑慮所引導和支配的。

馬布科克(Marbe D. Babcock)說:「最常見同時也是代價最高昂的一個錯誤是認為成功有賴於某種天才,某種魔力,某些我們不具備的東西。」事實上,成功的要素主要掌握在每一個渴望成功的人的手中,它是正確思考的結果。

所以,夢想對我們來說固然重要,但是我們不應該僅僅滿足於此,而應以一種平和的心態來面對。在實現夢想的過程中,更是需要我們一磚一瓦地付出,更需要我們認真地去對待每一件事,哪怕是再小的事,也要拿出百分之百的力量,也只有如此,才能養成認真仔細的辦事習慣,才不至於關鍵時刻掉鏈子,以至於悔恨終生。

第三章 突破自我，成功的祕訣在於心態

為自己鼓一次掌，
你也有過人之處

> 每一個人都有屬於自己的不平凡之處，有與他人不同的能力，即使在其他人看起來微不足道，可是這可能就是促使你獲得成功的必要因素。我們要學會欣賞自己，這種欣賞不是自以為是，而是以一種開誠布公的態度去面對自己。能更清楚地了解自己，也是一種坦然與豁達。

人生就像一個巨大的舞臺，每個人都想在這個舞臺上展現自己的魅力，獲得別人的認可和掌聲。然而輝煌的背後更多的是平凡，在你沒有成為主角的時候，等待你的可能是冷清的現場和淒涼的處境。這個時候，你不要忘記你其實還擁有最後一個觀眾，那就是你自己，實際上我們可以為自己鼓掌。

為自己鼓掌並不是一件難事，難的是為自己鼓掌之後，能以全新的姿態去面對接下來的生活，因為在生活中，難免會遇到各種挑戰，犯錯和失敗是難免的事，而且通向成功的道路絕不會是一帆風順。所以不能因為一點點失敗就對人生失去了信心，做人應該看到自己優秀的一面，不能一直盯著自己的不足之處。

美國首位黑人總統歐巴馬就是一個懂得為自己喝采的人，他懂得不

為自己鼓一次掌，你也有過人之處

時地鼓勵一下自己，給自己更多的前進動力和信心。歐巴馬說：「我總在想，如果不為以前的自己鼓掌，我的將來可能會黯淡無光。」

有一次記者問歐巴馬有關他年輕時的打球經歷，歐巴馬在高中時非常喜愛籃球，但不太在行，他卻對記者說：「我打得很不錯，我很欣賞那時的自己。」這就是一種正面地面對自己與過去的態度。同樣在選舉的過程中，歐巴馬時常對身邊的助手說：「你們做得都不錯。」歐巴馬就是用這種方式不斷地鼓舞自己也鼓舞別人，人們從他的這種態度中看到了一個樂觀正向、永遠向前看的領袖。

每一個在夢想道路上奮鬥的人，都要懂得時時獎賞自己。人生來就需要得到鼓勵和讚揚，許多人做出了成績，往往期待著別人來讚許，其實只靠別人的讚許還是不夠的，何況別人的讚許會受到各種外在條件的制約，難以符合你的實際情況或滿足你真正的期盼。

歐巴馬的成功競選得益於他能把自己的優勢發揮到最大，那麼為什麼只有他能充分發揮自己的優勢呢？答案很簡單，因為他非常欣賞自己，這種欣賞不是自以為是，而是以一種開誠布公的態度去面對自己，同樣的，他也能非常清楚地看到自己的不足，即便如此，這也不能妨礙他鼓勵自己。總統選舉後期，歐巴馬遇到了一個強勁的對手——約翰·馬侃（John McCain），可以說他在各方面都優於歐巴馬，但是歐巴馬卻不這麼認為，他覺得自己一樣優秀，甚至比對手更好。

人們喜歡把歐巴馬和馬侃放在一起比較，如果把這方面作為總統選舉的考核內容，馬侃無疑比歐巴馬更具「總統相」。馬侃出身名門望族，祖父和父親都是美國海軍高官，因為戰功卓著，他們的姓名還被用於一艘戰艦的命名。在美國軍政兩屆，馬侃是個響噹噹的人物。相比之下，

第三章　突破自我，成功的祕訣在於心態

　　歐巴馬就是一個十足的「小人物」，他的父親是肯亞黑人，歐巴馬小時候在夏威夷海灘和印尼街頭度過，出生於單親家庭，雖然有兄妹八人，可是分別居住在非洲、亞洲、美洲的不同國家。在收入方面，名門出身的候選人也要比歐巴馬好很多。馬侃從小家境富裕，妻子在某著名公司任職，身價破億。歐巴馬的妻子則出生於一個黑人勞動階層家庭，小時候家庭也比較拮据。馬侃從 1986 年開始連任四屆聯邦參議員，具有強勁的政治手腕和大量人脈，而歐巴馬在 34 歲的時候還只是所在州的參議員，到了 2004 年才成功競選聯邦參議員。

　　如果只看以上那些，我們會發現，與馬侃的競爭，歐巴馬可以說是一點優勢都沒有，他在任何一方面都處於下風。如果這個時候歐巴馬也這麼認為的話，那麼他就不可能有機會競選成功，實現自己心中的夢想。事實上，歐巴馬並沒有被這些東西所影響，在他看來這些都是外在的因素，真正決定能否當選的是美國人民，而不是以資歷來論述。

　　在一個視權力為一切的國家裡，單薄的人脈關係和貧乏的政治經驗使得歐巴馬在一開始就不被人看好。而且由於其膚色的原因，他的競選也備受爭議，一時間，人們很難接受一個有色人種來接管自己的國家。人們不相信一個有色人種會愛美國，在這些人中，白人的反應最為強烈。但是隨著競選的深入，當雙方將各自的政策和國家理想公之於眾時，人們漸漸改變了原本的看法。

　　身為共和黨的馬侃倚老賣老，以經驗打天下，但他的政策多偏向於收入在中上等的白人家庭，眾多的美國民眾並不會得到多大實惠。而歐巴馬則強調要重視提升一般人的生活品質，並發表了相關政策和制度。

此外，他主打改革牌，強調要帶領美國人民擺脫過去八年的陳舊生活，用新的生活方式擺脫經濟危機的困擾。他銳意革新的姿態也吸引了無數本來不關心政治的年輕人參與選舉。

生活的差別無處不在，盲目比較就是更早地走向失敗。只會比較的人會給人華而不實、徒有其名的感覺。當差距確實存在的時候，就要正視它，透過提升自己的內在素養彌補不足。一個勇於面對差距並努力進取的人，才會給予他人良好的印象和美好的感覺，人們才會從心底接受他。

命運替我們在社會上安排了一個位置，為了不讓我們在到達這個位置之前跌倒，它讓我們要對未來充滿希望，正是由於這個原因，那些雄心勃勃的人都帶有高度的自信，這是讓他們繼續向前的動力。一個人充滿自信預告著他將來的大有作為。對於一個人來說，重要的是相信自己的能力，如果做到這一點，那麼他很快就會擁有巨大的力量。

學會為自己鼓掌，大部分時候我們都需要具備這種在沒有人歡呼和頌揚的環境裡，不斷為自己加油打氣的自信和勇氣。做人要對自己充滿信心，不要輕易就否認了自己的價值，鮮花和掌聲固然重要，但是沒有這些，也不能否定你自己的成績和相應的價值。

為自己鼓掌，是一種自我認可的表現。現實生活非常殘酷，可能你很有理想，但是卻經常碰壁，可能你很有才能，卻得不到發揮，這樣的挫折和打擊，很容易讓人失去自信。但是，這一切都是暫時的，你需要堅強地走下去，給自己一些支持和鼓勵，相信自己最終能走向成功。

所以，無論做什麼事，無論艱難還是容易，都要在相信自己實力的

第三章 突破自我，成功的祕訣在於心態

前提下多認可自己，多褒獎自己。年輕人更需要這樣一種認可，不僅是對自己的認可，還需要他人的認可。而要得到他人的認可，首先要自我認可，只有這樣，在以後的路上才會信心百倍，在別人眼裡你也會是個正向的人，他們會向你投以讚賞的眼光，而你也會在這種良好的氛圍中獲得自己的成功。

自我認同，
自信讓你更有力量

> 一個人如果擁有自信，也就等於有了向前衝的力量，因為這種力量來自於每個人的自身，是支持生命的理念，是讓你通向成功的保障，是你人生路上不可或缺的財富。自信既是一種對自我能力的認同，也是一種對自我的審視。

斯圖爾特（Crystle Stewart）是 2008 年代表美國參加「環球小姐」選美大賽的選手，在說到自己支持哪位候選人時，她說：「對於民主黨和共和黨的候選人，我都非常欽佩和欣賞，但是我更喜歡歐巴馬。他的自信和感召人的方式一直吸引著我。」

只有自信才能讓一個人強大起來。歐巴馬是一名黑人，照理說黑色皮膚應該為他的生活帶來很大的困擾，讓他不能過正常的生活。事實上也是如此，歐巴馬的童年過得並不愉快，很長一段時間裡他都找不到自己的目標，找不到人生應該有的意義。可是他在競選總統的道路上卻表現出一股強而有力的氣勢，這之前發生的轉變，便是歐巴馬自信心的建立。

歐巴馬之所以自信，是因為在哥倫比亞大學讀書時對人生的重新審視，他重新規劃了自己的人生，他要沿著父輩的足跡前進。

第三章　突破自我，成功的祕訣在於心態

歐巴馬擁有其他人不能比擬的口才，他能像他的偶像林肯和馬丁‧路德‧金恩一樣，做出能打動人心的演講。更重要的是，他能讓自己的價值得到最大的展現，而不僅僅是靠迷人的演講去打動他的聽眾，他更是用自己的實際行動去說事，說每一個聽眾所知道的事，讓他們能更清楚地了解到美國的現狀。

美國知名作家愛默生（Ralph Waldo Emerson）說：「自信是成功的第一祕訣。」的確，如果一個人沒有自信心，做什麼都將是空談。因為自信是一種對自己能力的充分猜測，擁有自信的人能很準確地做出判斷，知道自己可以做什麼，清楚自己能做些什麼。所以他們在制定計畫的時候，能做到有條不紊，而不是想得美好，卻無實際能力去實現。

在整個選舉的過程中，歐巴馬經歷過多次失敗，比如在新罕布夏州，他在形勢大好的情況下敗給希拉蕊，使自己的攀升的勢力大大減弱，甚至一度處於不利局勢。但是失敗後的歐巴馬非但沒有灰心，反而更加自信滿滿地喊出「是的，我們可以！」的口號。他想讓所有支持他的人了解，他只是暫時性失敗，他有取得最後勝利的決心。

在這場選舉中，歐巴馬陣營在大部分時間都落後對手，他們也一直都知道接下來的道路會走得非常艱難。但是歐巴馬的支持者用手中的選票創造了歷史。他們為他挺身而出，大聲疾呼期待改變。在美國，任何看似不可能發生的事情都會發生，滿懷希望永遠不會有錯。

接著歐巴馬高喊：「是的，我們可以！是的，我們可以擁有機會與繁榮！是的，我們可以帶領我們的國家走出困境！是的，我們可以拯救這個世界！是的，我們可以！」

> 自我認同，自信讓你更有力量

歐巴馬能在失敗之後不氣餒，仍然滿懷自信地向目標出發，他鼓舞的不僅是自己，更是無數支持他的選民。他想讓所有人看到：無論我經歷多少失敗，我都有決心和毅力取得最後的勝利，我絕不會對自己說「不能」。在他成功當選總統後，他組建了超級豪華的內閣團隊。

國務卿是希拉蕊，國防部長是羅伯特‧蓋茲（Robert Gates），財政部長是紐約聯邦儲備銀行行長提摩太‧蓋特納（Timothy Geithner），個個都是頂尖的「重量級人物」。有人擔心歐巴馬短短的幾年政壇資歷無法「降服」這些實力派人物，但是歐巴馬一點也不擔心，他說：「我所選擇的成員對彼此都有共同的認知，我歡迎不同的意見和聲音，但是他們是為總統工作，是對總統負責，無論什麼事情，最後的決策都由我來定。」

如果一個人不能對自己做出正確且合理的評價，那麼他很可能會在預算中大摔一跤，最終他起初的自信心會在失敗中一點點地消磨掉。自信既是一種對自我能力的認同，也是一種對自我的審視。

但是很多人審視自己之後，最後仍然沒有信心，反而變得更加自卑，感覺自己做什麼都會做不好。這是很不幸的一件事，因為每個人都有自己的優勢，一個人需要看到自己的優勢，透過自己的優勢來建立自己的信心，而不是只看到自己的缺點，那樣只會往相反的方向過渡。

如果一個人缺乏自信，是很容易自卑的，相反，一個人如果建立了自己的信心，那麼在他面前就不會有過不去的難關，因為他相信自己的能力，在做事的時候，能全身心地投入，而不會因為自卑變得畏首畏尾。這是一種超越自我的表現，同時也是一種對自己的信任。

很多時候，想要別人看得起自己，首先要自己看得起自己，如果連

第三章　突破自我，成功的祕訣在於心態

自己都看不起自己，連讓別人認識你、了解你的勇氣都沒有，如何讓別人看得起你呢？

歐巴馬在競選總統時，表現出了強大的自信心，這種自信感染了他身邊的每一個人，甚至得到了媒體的認同。在 2006 年，歐巴馬就成為美國政壇上最耀眼的一顆明星，並成為美國《時代》週刊的封面人物，在封面上有一句讓任何人都驚訝的話，作為美國影響力最大的刊物，《時代》為歐巴馬的定位竟是：「下一個總統？」

他們這麼相信歐巴馬能當選美國總統是很有理由的，因為歐巴馬作為一個黑人，在從政生涯並不長的時間裡，創造了無數個奇蹟。在他們看來，歐巴馬成為美國歷史上第一位黑人總統並非沒有可能，歐巴馬似乎就是為了創造歷史而生。果不其然，在 2006 年 10 月，歐巴馬表示自己可能會參與競選 2008 年的總統。

2007 年 2 月 10 日，歐巴馬正式宣布競選 2008 年美國總統。在那次演講中，歐巴馬將地點選在了林肯當初競選總統的地方，他要從林肯當初起步的地方起航，要沿著他偶像的足跡開創屬於自己的未來。而且在十年前，歐巴馬正是在這裡當選伊利諾伊州參議員，從此開始職業政治生涯的。

在演說中，歐巴馬發出變革的呼聲：「任何時期，都有新的一代湧現，完成需要他們承擔的任務。今天，我們再次聽到召喚，現在是我們這一代人做出回答的時候了。」

2007 年當歐巴馬宣布競選總統時，很多人認為膚色對歐巴馬來說是一個大問題，可是隨著選舉的開展，歐巴馬的優勢表現得更為明顯。在

> 自我認同，自信讓你更有力量

愛達荷州，歐巴馬取得好彩頭，這是第一場初選所在地，而且白人人口占95%以上，可以說這次勝利為歐巴馬帶來了很大的信心，同時也讓歐巴馬捕捉到了一種超越種族狹隘的自豪感。

每一個想要實現自己理想的人，都應該對自己充滿信心，只有擁有信心的人，才有可能成功，歐巴馬正是如此，他依靠自己的信心慢慢建立了自己的優勢。歐巴馬告誡自己：面對人生，充滿自信，任何時候做任何事情都應如此，讓自己更加有信心面對今後的人生。自信不僅是一種心態，更是一種精神依靠。

一個人只有相信自己，才能感受到生活的快樂，才能不斷地挖掘自身的潛力，從而更容易取得成功。每一個成功的人都擁有十足的信心，他們相信自己能取得成功。如果一個人沒有自信，那麼他就會失去嘗試的勇氣，永遠不可能成功。

第三章　突破自我，成功的祕訣在於心態

第四章

前行不懈，追求無限可能

第四章　前行不懈，追求無限可能

眺望遠方，揚起前行的風帆

> 想要成功，就不可以待在原地幻想，你必須揚起前進的風帆，劈開道路上的層層荊棘，體會生活的種種困苦，只有如此才能獲得上帝的青睞，才能真正地將自己的能力發揮到極致，最終抵達成功的彼岸。

一切的成功都源於腳下，所有人的成功都源於他們不停地尋找，不停地探索。在這個世界上，從來沒有哪一個人能夠在幻想中獲得成功。所以，要抵達成功的彼岸，你必須做好揚帆的準備。歐巴馬在確定他的夢想之後，就開始了艱難的路程，因為他身上有著不同於白人的異樣之處，這使他不得不比別人起步更早，不得不比別人付出更多的辛苦，正是因為他的努力，他堅定的腳步，才使得他一步一步走向成功。

2007年2月9日，民主黨在內布拉斯加州和華盛頓州舉行基層黨團初選，路易斯安那州也於同一天舉行個人投票初選。由於歐巴馬與希拉蕊當時所得的選舉人票數不相上下，兩州參加黨團初選的民主黨員十分踴躍。在內布拉斯加州的奧馬哈城居然出現了因參加投票而塞車的現象。據合眾國際社選後抽樣結果，路易斯安那州選民投票基本按族群劃分，70%以上的黑人投給歐巴馬，80%以上的白人投給希拉蕊。

當天，歐巴馬在內布拉斯加州、華盛頓州、路易斯安那州和維爾群島四地同時獲勝。2月10日，歐巴馬又在緬因州獲得基層黨團會議初選

眺望遠方，揚起前行的風帆

的勝利。緬因州的民主黨員共有代表名額 24 個。兩天後，歐巴馬和希拉蕊在波多馬克河地區哥倫比亞特區（15 名代表）、維吉尼亞（70 名代表）和馬里蘭（83 名代表）初選。

歐巴馬橫掃維吉尼亞州、馬里蘭州和哥倫比亞特區。《紐約時報》報導此事，他們這樣寫道：這是進入 2 月之後歐巴馬的第八次連續勝利。

面對強勢的希拉蕊，歐巴馬取得了連續的勝利，可以說他已經無限接近於勝利了，但是他沒有停下來，也沒有坐在原地憧憬未來。正在威斯康辛州競選的歐巴馬得知自己大勝的消息後告訴欣喜若狂的支持者：「我們的運動不會停止，直到我們改變華盛頓。今晚我們上路了。」歐巴馬不僅贏得近 90% 的黑人選民的支持，也得到 50% 以上的白人選票。

希拉蕊·柯林頓在 2 月 12 日的初選之前，就暗示自己可能在 2 月 5 日「超級星期二」之後輸掉所有的個人初選和基層黨團會議選舉，但是她認為選舉的路還很長，並且堅信 3 月 4 日會在德克薩斯州和俄亥俄州的初選中捲土重來。如果希拉蕊不能贏得 3 月 4 日的德克薩斯州和俄亥俄州的初選，她的競選可能就會戛然而止。如果她和歐巴馬屆時平分秋色，最後一仗就是 4 月 22 日的賓夕法尼亞州初選。民主黨中央和民主黨主席不希望也不願意看到他們兩人的競爭走過 4 月。

可是希拉蕊的競選面臨雙重困難：一是選舉經費不足，歐巴馬一天可以集資 100 萬美元，而希拉蕊的募捐僅為其一半；二是歐巴馬有勢不可當之勢，這樣的氣勢可以改變很多選民和超級代表的決定。唯一能改變希拉蕊選舉困境的辦法是愛德華茲表示支持，但是雙方都在做愛德華茲的工作，先後登門拜訪。如果歐巴馬獲得愛德華茲的支持，他在德克薩斯州取勝的可能性就會大增。

第四章　前行不懈，追求無限可能

歐巴馬的勝利讓希拉蕊陷入了困境，他成功地把自己的困難轉移到對方身上。在總統選舉之前，歐巴馬所處的位置比起希拉蕊來說，幾乎是毫無勝算的，現在勝負已經完全明朗了。歐巴馬用自己的腳踏出了一條屬於自己的成功之路，用自己的腳慢慢地向自己的夢想前行。

2月19日，歐巴馬又在威斯康辛州和夏威夷州獲得初選和黨團會議選舉的勝利。夏威夷是歐巴馬的出生地，他在那裡獲得勝利早在預料之中。雖然希拉蕊・柯林頓的競選團隊不認為希拉蕊可以在威斯康辛州取得勝利，也沒有在那裡做出太多的努力，但是歐巴馬的勝出並非沒有面臨挑戰。歐巴馬之前獲勝的主要支持者來自黑人、青年人和白人中受教育程度高的白領階級，而威州是一個藍領階級居多的州。雖然希拉蕊本人並沒有花很多時間在威州競選，她的競選團隊在那裡做了很多攻擊歐巴馬的電視廣告，說歐巴馬懦弱不敢跟她辯論，說歐巴馬沒有經驗不能勝任武裝部隊總司令，說他工於言辭而缺少具體的施政綱領。

選舉的結果說明歐巴馬從愛荷華州開始的「運動」不僅歷久不衰，而且有更為強勁的勢力。歐巴馬在威州得票率為58%，勝出希拉蕊很多。讓美國選舉觀察人士吃驚的是他在白人藍領、白人男性和白人女性選民中所獲的支持率超過他在其他州的戰績。希拉蕊在德克薩斯州和俄亥俄州的主要支持者為白人藍領和白人女性。如果歐巴馬可以在那兩個州複製他在威州的戰績，希拉蕊的選舉可能會全線潰敗。威州的初選還沒有結束，兩位候選人就已經趕到下一個戰場。歐巴馬在德州，希拉蕊在俄州。歐巴馬得知自己在威州獲勝後，在休士頓的豐田中心對支持者說：「休士頓，我想我們騰空了！」

眺望遠方，揚起前行的風帆

　　與希拉蕊不同，歐巴馬不會在認為自己會勝利的情況下，停止為之付出，停下自己的腳步，而轉移到其他的地方去。事實上，在威州的選舉剛好反映出了歐巴馬與希拉蕊的不同之處，而正是這個不同之處使得歐巴馬比希拉蕊更適合總統這個職位，更適合來領導美國人民。與希拉蕊所獲得的支持不同，歐巴馬真正代表著美國人民的權利，代表著美國底層人民的利益，最終他獲得了全體美國人的支持。為了做到這一點，歐巴馬的腳步沒一刻停歇過，他用他的腳走出了一片藍天。

　　年輕人普遍有懶惰的心理，當他們擁有了目標之後，很喜歡待在原地幻想。我們要知道世界每天都在變化，每天都會有新的東西出現，如果你停下來，那麼你就會與你的對手相距得越來越遠，雖然你可以在最後奮起直追，但是那樣的成功也會非常渺茫。

　　許多人雖然懷有做一番大事業、做出輝煌成績的想法，可是總不見行動，只是把這些想法掛在嘴邊，每天都踏步不前。他們或在等待目標的實現，或在等待別人來幫助他實現。他們不懂得實現目標的捷徑不是靠天分也不是靠等待，而是靠一個人的實際行動，只有行動才是實現目標的關鍵。很多年輕人喜歡停下自己的腳步，在原地沾沾自喜。只要目標沒有實現，就沒有停下來的理由，所以我們需要持之以恆的奮鬥決心。

第四章　前行不懈，追求無限可能

與其坐在原地空想，
不如開始行動

> 夢想再美好，計畫再完美，如果不開始行動，就永遠也不可能獲得成功，最終只會是紙上談兵，空想一場。人因夢想而偉大，夢想因為行動才會變為現實。每一個成功的人背後，都會有為了成功而付出的辛勞和汗水，為了成功而走過的荊棘之路。

一個人想要獲得成功，除了選擇好自己的奮鬥目標，還需要為這個目標而努力，如果只是坐在一個地方空想，那麼這個目標就會離你越來越遠。只有開始行動的人，才懂得如何更好地利用每一個機會，每一分，每一秒，因為對他們來說，成功的靈魂是行動。

成功在於意念，更在於行動。制定目標是為了達到目標，目標制定好之後，就要付諸行動去實現它。如果不化目標為行動，那麼所制定的目標也就成了毫無意義的東西。

在歐巴馬大學期間，他就看到，在美國一部分有識之士已經開始站出來反對南非不公平的社會制度，他們舉行集會和遊行，把宣傳場所放在了大學校園裡面，透過這裡的國際交流環境把反對種族隔離的聲音傳向世界，同時透過這些活動對美國政府施加壓力，促使美國政府與南非政府就廢除種族歧視制度交換意見。

> 與其坐在原地空想，不如開始行動

受這些活動的影響，歐巴馬所在的某個學生社團決定邀請南非非洲民族議會的官員來學校演講，希望藉此激發聽眾的熱情，在校園裡聚集更多的力量，促使政府做出有利於國內種族和解的行動與政策。很明顯，活動的組織者透過南非種族問題的國際介入看到了影響政府行為的有效途徑，他們想把這樣的模式引用到國內問題上。

演講之前，組織者安排了一個串場，由歐巴馬和幾個朋友負責演出。那是一個很有創意的表演，歐巴馬在眾人面前竭力陳述種族隔離制度的荒謬性，而其他人則在歐巴馬演說到一半的時候像幽靈一樣悄悄地爬上臺連拖帶拽，試圖阻止他。整個表演想表現的是南非的種族鬥爭現狀，即黑人在政府裡沒有自己的聲音，而政府則想方設法在暗地裡破壞黑人的民權運動。

黑人在美國的地位是非常微妙的，他們雖然是道地的美國公民，但是他們卻得不到應有的尊重。歐巴馬作為一名黑人，無疑會受到排擠，雖然在他年幼時，這種歧視並不明顯，甚至他還沒有感受到種族差異帶給自己的困惑，但是這並不意味著美國的黑人能擁有屬於自己的權利。歐巴馬的成功，正是全美國的黑人，乃至全球黑人的共同夢想。

歐巴馬大學生涯進入第三年，西方學院和紐約的哥倫比亞大學建立了交換生合作，允許一所學校的學生申請到另一所學校完成學業。歐巴馬得知這一消息後欣喜若狂，他早就聽說紐約黑人區是黑人的聚居地區，眼前的機會剛好能讓他去實地感受一下。

紐約的一切和歐巴馬在西方學院的芝加哥同學口中描述的浪漫場景大相逕庭。出門在外的日子裡，歐巴馬培養了自己的生活自理能力，漸漸地專注於自己的學業，除了吸菸以外，其他的不良嗜好都戒了，還養

第四章　前行不懈，追求無限可能

成了寫日記的好習慣。閒來無事就去旁邊的球場打打球，或者去附近的街區聽傑西‧傑克遜演講。

儘管歐巴馬在學校裡學到了不少東西，真正讓他切身感受美國種族現狀的還是紐約黑人的普通生活。貧民區裡的黑人數量要比白人多得多，遠遠超出了正常的比例，要是在南非這還說得過去，可這是在美國，在一個文明發達的國家，種族之間的不平等為什麼會這麼嚴重呢？說到不平等，人們可能義憤填膺，可是真要做點什麼，卻是舉步維艱。

大學期間的這種經歷，讓歐巴馬清楚地感受到黑人在美國所受到的不公平待遇，也讓他堅定了自己的決心。他正是在行動中堅定了意志，在行動中尋找接近夢想的道路。他不在乎路途的遙遠，不在乎道路的難行，對他來說，唯一的目標就是實現心中的自我價值。他讓自己開始行動，讓自己能更加清楚地感受這個國家，感受這片土地帶給他的困惑，也正是因為如此，他對美國的了解多於他人，也正是他的實際行動，才實現了他的人生價值。

歐巴馬除了擁有建設美國的夢想，還為競選總統做了非常多的準備工作。同樣，對於開創新美國這項艱鉅的任務，他沒有只停於想像，更重要的是，他付出了自己的行動。

歐巴馬說：「我們每個人，在我們的有生之年，必須肩負起責任——要幫助子女樹立進取的道德觀念，要適應競爭力更強的經濟環境，要鞏固我們的社區並分擔一定代價。讓我們開始行動，讓我們共同開始這項艱鉅使命，讓我們改變這個國家。」

事實上，對於自己的夢想，歐巴馬並不是隨口說說而已。因為他知

> 與其坐在原地空想，不如開始行動

道夢想會一直在心裡指引著他前進，在夢想的路途上，無論發生什麼，要堅信那都是對他有利的。但是，如果他只對自己說想要去實現自己的夢想，而沒有付出行動，那麼我們就看不到他今天的輝煌。所以，他給自己的信條是：要做我一定要做到最好。我一定可以！雖然現在我還不夠好，但是我一直在努力。

為了他的美國夢想，2005年1月，歐巴馬宣誓就任美國國會伊利諾伊州參議員，作為參議院歷史上第五位黑人議員，歐巴馬不論從哪個角度來看都只能算是新一屆參議院裡的晚輩。當選參議員之後，歐巴馬一共在伊利諾伊州組織並參加了40多場群眾集會，藉此了解民意、尋找對策。作為對外關係委員會委員，他還多次到訪其他國家和地區，其中包括俄羅斯、中東和美軍駐紮的伊拉克。

雖然如此，但他的政治顧問團隊卻不這麼看，他們認為歐巴馬應該考慮參加2008年的總統選舉，一來擴大在眾多選民中的影響力，為以後的發展營造良好的外部環境；二來碰碰運氣，他的種族背景剛好能夠為其他的總統候選人提供有效的補充，說不定會被挑中成為副總統候選人，甚至有可能作為候選人去角逐總統寶座。

有一次，歐巴馬一家人漫步在國會西邊的大草坪，6歲大的瑪麗亞（Malia Obama）突然問起父親以後會不會競選總統。對於歐巴馬來說，參議院已經是一個不小的舞臺了，自己的責任就是好好履行誓言，為選民服務。雖然如此，歐巴馬卻為自己累積了不少優勢力量，因為他具有足夠的聚光燈，並積聚起一定數量的忠實支持者，所以從各方面來說，他具備了競選總統的實力。

第四章　前行不懈，追求無限可能

　　但是歐巴馬清楚地知道，此前的所有選舉與總統選舉相比，簡直是小巫見大巫，根本不是同樣的標準。這裡有更微妙的規則，這裡有更強悍的對手，這裡有更廣泛的選民，這裡有更多的媒體關注，要不要參選總統，怎麼參選總統，曾經的成功和失敗都給歐巴馬足夠的經驗。最終他參加競選總統，並成功當選。

　　歐巴馬的行動印證了詹·哈尼克（Jan Harnick）的那句話：「一切夢想家都是行動家。」

　　理查德·安東尼·普羅克特（Richard Anthony Proctor）有句名言：「夢想一旦被付諸行動，就會變得神聖。好的想法，其實每個人都會有，但是想法始終只是想法，理論終究也只是理論。如果沒有行動，那麼一切都是假的，就會成為高談闊論，變為吹噓。所以，如果你想要改變，那你還等什麼，還在屋子裡原地踏步？你需要現在就開始行動！

　　行動是一個勇於改變自我、拯救自我的象徵，是一個人能力有多大的證明。對每一個智者而言，行動是成功的第一步，即使走錯了一步，也能得到一份珍貴的經驗。事實上，行動的過程中我們不可能一帆風順，有時候我們要忍受痛苦。既然別人能成功，那麼我們也一定可以！所以你要堅定自己的信念，並付之於有效的行動。

歷史是不等人的，
我們得創造歷史

> 很多人打算做一件事的時候，總是等所有的東西都準備齊了才開始行動，可是最後結局卻不盡人意。這是因為，在等待時機的過程中，我們讓最佳的機會溜走了。所以在必要的時候，要改變策略，與其等待最好的時機，不如主動出擊。

成功者的成功不是偶然的，也不是隨機的。他們除了敏銳地發現機會外，還能在最佳的時機出擊，而不是坐在原地空等。這一點在歐巴馬身上有著明顯的展現。歐巴馬是參議院中在任者唯一的一位黑人參議員，也是美國歷史上第二位民主黨籍黑人參議員，同時是第三位透過選民直接選舉競選當上參議員的黑人。在他前面的幾位是「道地」的美國黑人，不像歐巴馬那樣擁有兩種血統。事實上，對於一個政治家來說，聯邦參議員是一個很高的職位，全美總共才一百位，每一個州有兩個代表席位，外加上五十個州的州長，也算是全美國除了總統之外的一百五十員的政治大將之一，所以參議員可以說是美國政界的重要人物，總統的候補隊員。

在 2004 年的民主黨全代會的發言，不僅讓歐巴馬贏得了聯邦參議員席位，而且也瞬時讓他成為一顆閃閃發亮的巨星。他以那次演講為基

第四章　前行不懈，追求無限可能

礎，寫出了他的第二本書——《無畏的希望》，這本書在2006年正式出版，隨後歐巴馬巡迴全國，不斷為他的新書做宣傳，如此讓他的名聲變得更加響亮。這時候，他變得有點身不由己了。因為每當他宣傳自己的新書時，人們總是會一而再再而三地問他，是不是打算競選2008年的美國總統？剛開始時，他只是一再重複地說「不會」。

那時，歐巴馬說：「我有很多重要的事情要做和想做，但總得一件一件地去做。我當前的第一件要事，就是當好一個參議員。」在他剛到華盛頓的時候，他只在參議院一百位議員中排第九十八位。所以，那時他自嘲只夠格替別的參議員削鉛筆，哪還敢奢想其他事。「再說，我還沒有弄清楚國會山莊的廁所在什麼地方呢！」他開玩笑說。從他的話中我們不難看出，對歐巴馬來說能當上參議員已經很讓他滿足了，而且他有很多東西要學，不能太急功近利。歐巴馬很清楚自己的位置，所以他會認真利用好自己的職位，而不是異想天開。

實際上，歐巴馬一定沒有忘記當年卡羅爾·莫斯利·布朗（Carol Moseley Braun）的教訓，即使在民主黨勢力很強勁的伊州，如果不小心行事，也可能一屆下來而丟了職位，保住職位當然是最重要的，這個高位平臺不能丟。但問題是，依附於他而又想大展身手的人卻等不及了。他周圍的人還幫他做了一些研究，以便向他證明競選總統的必要性和可行性。

翻開美國的歷史，我們不難發現以參議員身分競選總統的只有兩人成功，他們是哈丁（Warren Gamaliel Harding）和甘迺迪，而且他們都是在第一任時競選成功的，在其後競選的都未能如願。這似乎是在暗示歐巴

> 歷史是不等人的，我們得創造歷史

馬，2008 年是你唯一的機會，歷史告訴他，如果錯過，以後就沒有機會了。再者，共和黨現在情況不妙，這次是民主黨的最好奪權時刻，而民主黨目前最強勁的候選人是希拉蕊‧柯林頓，如果她當選，那 2012 年她又將競選連任，這樣一來，歐巴馬就得再等八年才有下一次機會，太久了。機遇和時勢造就英雄，政治上機遇更重要。在通常情況下，機遇對於一個人而言，可能一生只有一次。歐巴馬非常清楚，總統這種事，還不像金融投資，因為只有一個職位可以競爭，沒有第二個選擇，股票則有很多的好公司可供挑選。

雖然歐巴馬了解這些道理，可是在當時看來，希拉蕊實在是太強勁了，他一開始時不敢向她挑戰，認為可能性太小，可是他也發現機會確實是千載難逢。對歐巴馬來說，機會不等人，機會只給有準備的頭腦，但是機會來了，自己得創造一個有準備的頭腦來利用這個機會。

在仔細權衡之後，歐巴馬決定一戰。他將這個決定告訴妻子，妻子也認為，既然想要競選總統，在兩個女兒年幼時競選對她們的影響可能相對要小些。他順利得到了家人的支持。這也是一個人能成為偉人的關鍵一點：抓住機會，善待機會。歷史是不等人的，我們得創造歷史。在歐巴馬做了 2004 年的全代會主題發言後，就有不少記者和黨內同仁一再問他，是否準備參加 2008 年的總統選舉。剛開始時，他的回答總是：「我先好好完成我的六年參議員任期再說。」

等到了 2006 年 10 月再有人問他時，他說：「我倒是想過這件事。」這次他的口氣有點變了。到了 2007 年 2 月，歐巴馬已經正式宣布參選總統。那麼，到底是什麼讓他改變了主意呢？在這之前，無數的人為他

第四章　前行不懈，追求無限可能

做過詳細分析，政治這東西就是個時機問題，但時機就像是水，既可載舟，亦可覆舟。歐巴馬是一顆正在升起的明星，他可以而且應該乘著這個勢力向前走，而一旦這個勢力過去，便錯過了最佳時機。

2000年時，如果艾爾·高爾（Al Gore）順利贏了小布希，可能在2004年也沒有布希的機會，布希可能永遠也沒有當總統的時候，但歷史就是這樣，將機會給了布希，而留給高爾的則是永遠的遺憾。不僅如此，政治家「吃香」時靠的是大眾的捧場，而人們支持你，則是對你有某種期待，認為你能為他們解決棘手的一些現實問題。可是這種期待往往過高，不是一個政治家真的所能做到的。很多問題的出現是社會發展的規律使然，具有週期性，一旦大眾發現這一事實後，他們又將對政治家的期待變成責備，認為是政客的無能造成的，而不是民眾的不現實期待的結果。政治就是如此的詭譎。

歐巴馬正是在權衡過利弊之後，清楚地了解到這可能是他的機會，他需要做的不是等自己做好了六年的參議員，提升了自己的地位再考慮總統選舉的問題，而是應該立刻出擊，在自己最強大的時候，去迎接對手的挑戰，只有這樣，他才可能獲得成功，不然他只會是一名參議員，無法實現心中的夢想。歐巴馬曾經說過：「我曾經是最不可能贏的人。」歐巴馬當初的選擇告訴我們：「他的選擇是正確的，如果沒有當初的選擇，那麼就不可能有今天的歐巴馬；如果沒有當初的主動出擊，現在的歐巴馬可能在等待作為參議員退休的日子。」所以，時機雖然重要，但是主動出擊同樣也是成功的必要手段之一。

機遇，有時候游離不定、模糊不清，讓人摸不著頭緒。這時，只有主動出擊，獲得機會垂青的可能性才會多一點。所謂「千里馬常有，而

> 歷史是不等人的,我們得創造歷史

伯樂不常有」,你要想在激烈的競爭中脫穎而出,不主動去吸引伯樂的注意是無法獲得成功的。所以要在必要的時候主動出擊,把自己的優勢展現出來。

機遇是有情的,你抓住它,它就陪伴你一步步走向成功;同時機遇也是無情的,你稍有疏忽,它便匆匆棄你而去,所以一旦我們覺得時機成熟,就要果斷出擊,尤其是在我們年輕的時候。那些傑出的年輕人,他們的成功得益於在機遇面前有果敢決斷、雷厲風行的魄力,雖然他們也有犯錯的時候,但是他們能抓住較多的成功機會,因此,他們取得的成就也就更大。

第四章　前行不懈，追求無限可能

絕不停下來，做事持之以恆

> 工作是做不完的，無論我們身在何處，只要我們還擁有對成功的渴望，就不可以停下手中的工作。一旦我們停了下來，對手就會跑到我們前面去，最終超越我們，所以，請不要停下自己的工作，因為只要夢想沒有實現，我們就有很多事去做，就有更多的責任需要承擔。

如果我們因為取得了一點小小的成功就停了下來，那麼我們就有可能在這種小成功上止步不前，最終無法實現自己的夢想。只要我們還沒有實現自己心中所想，就沒有停下來休息的理由，實現理想是一個非常漫長的過程，你的一點點努力不可能取得成功，它只會考驗你的心智，讓你更有信心去面對今後的難題。只要你不停下自己的腳步，終有一天，成功會光臨的。

想要獲得成功，就需要有持之以恆的信念，不能因為一點點成功就停下來。持之以恆，是一種可貴的特質，是一種根植在靈魂與骨髓中的百折不撓、震撼心魄的深深信念。一個沒有精神支柱、不懂得持之以恆的人，成就不了什麼大事，只能在魯莽的矯情與虛偽的輕浮中沉浮。持之以恆是一種素養和心態，是一種良好的精神狀態。如果沒有這種「鍥而不捨，金石可鏤」的堅持，何來成功後的「不管風吹浪打，勝似閒庭信

絕不停下來，做事持之以恆

步」的自信呢？

對歐巴馬來說，能夠成功競選《哈佛法律評論》的主編，意味著在司法界的前途一片光明。那時，許多大的律師事務所和最高法院等司法機關，已經向歐巴馬發送招募通知。但是歐巴馬心意已定，他要從政。他寧願放棄高薪待遇，回到芝加哥，回到他的心靈之家和戀人身邊，從那做起，開始他的從政之路。因為他的夢想不是做一名律師，或是一位編輯，在他心中有一個不為人知的夢想，他要走一條至今為止沒有人敢走的路，而且他深信自己能夠成功，他是一個對自己有著足夠信心的人。

為了更清楚地了解美國現狀，歐巴馬幾乎沒有停過他的腳步。他沒有停在自己的位置上沾沾自喜，也沒有因此失去實現理想的鬥志。自從兩年前的那次實習之後，歐巴馬在波士頓和芝加哥之間跑得更頻繁了，為了方便他的工作，他還特地換了一輛車，雖然是一輛中古車，但比先前那輛要新多了，也可靠得多。

每年的五六月都是一年中氣候最好的月分，那一年似乎更美更宜人。在這樣一個美麗而甜蜜的季節，歐巴馬回到了芝加哥，開始了他作為未來政治家的奠基戰。他開始為自己的夢想而奮鬥，他要將自己的才能充分發揮出來。這段時間，他做了改變他人生的兩件事：一是寫本介紹他身世與經歷的書；二是喚醒選區民眾對自己手中選舉權的重視，使他們理解到行使自己權利的重要性。

一般來說，哈佛法學院的法學博士最差的三分之一也有16萬美元以上的年薪，而歐巴馬作為最優秀的畢業生，通常有25萬美元以上的年薪報酬。但那對歐巴馬沒有吸引力，他選擇了收入低很多的職位。他的工作平凡而簡單：遊說他所在的19選區選民做選舉登記，行使選民自己一

第四章　前行不懈，追求無限可能

人一票的選舉權。在歐巴馬看來，只要夢想一天沒有實現，自己一天就不會有休息的可能。他要做的不僅僅是養家，或是去賺取更多的金錢，他要做的是為自己的理想打下堅實的基礎，他不在乎在這個過程中要吃多少苦，要忍受多少白眼，他所在乎的是能不能讓每一個美國公民都能好好地行使自己的權利。

美國是選民政治體制，每位18歲以上的公民都擁有一票選舉權，而且每人也只有一票，政治上擁有絕對的平等。雖然如此，在很長的一段時間內，大多數公民對於政治的參與度並不強烈，而且這種狀況在其他少數族裔中更為普遍。事實上，美國最終的選擇權掌握在左或右兩端勢力的「少數」人手中。這樣對許多實際的中間選民事實上是不公平的，因為，他們只是由於感覺到自己的聲音太小，沒有影響力而放棄了自己的權利，並不是真的無所謂或中立。他們也有明顯的喜好，只是沒有意識到自己有權利表達，並且確實是能影響選舉結果，最終還能影響自己的實際利益。

歐巴馬在從哈佛畢業後第一年的工作中，就意識到了這一點，他要喚醒人們的這種想法，讓更多的人參與，讓他們意識到可以透過自己的一票選舉權來表達自己的意志。但是，只有事先登記過的公民才有選舉權，這樣一來，一個難題就擺在歐巴馬的面前，他得盡可能先動員多數的公民進行選民登記。

但這並沒有難倒歐巴馬，他既然選擇了這樣的一條路，他就會勇敢地走下去，他和他的團隊，挨家挨戶遊說、溝通、爭取。他的努力獲得了豐碩的成果。在芝加哥第19選區歷史上，黑人的選民登記人數第一次超過白人，比例為黑人的676,000對白人的526,000。他嘗到了重回芝

> 絕不停下來，做事持之以恆

加哥後的第一個成功的甜頭，這一年，他不僅邁出了作為政治家的第一步，而且他踏實勤奮的工作作風也最終贏得了人民的永久之心。

歐巴馬是一個非常有遠見的人，他不會讓自己侷限在一個小小的舞臺上，相反的，他會花更多的心思在更廣闊的空間，而為了實現這樣的目標，歐巴馬不會停止不前，也不會因為小小的成就而停下來，相反，他對未來會更加執著，會為此付出更多的汗水。他知道時間對人是一視同仁的，給予人同等的量，但人對時間的利用不同，只有真正懂得利用時間的人，才有可能獲得成功。

第四章 前行不懈，追求無限可能

無論面對什麼問題，
都傾盡自己的全力

> 任何一種成功都不可能一帆風順，即使條件再好，起點再高的人也會遇到或大或小的麻煩。當我們在前行的道路上，遇到困難的時候該如何去應對呢？我們應該培養自己解決問題的能力，讓自己能夠更坦然地面對困難，而且無論問題大小，我們都應該傾盡自己的全力，這樣可以讓自己時刻保持百分之百的狀態，養成做什麼事都全力以赴的好習慣。

在我們成長的過程中，有一種能力是必不可少的，那就是獨立解決問題的能力。如果我們缺少這種能力，那麼我們就很可能在遇到困難的時候，束手無策，不知道怎麼辦才好。所以每一個偉大的人，都能很好很快地解決自己所面臨的問題，他們能找到問題的根源所在，傾盡自己的全力去解決理想道路上的所有難題。

不平凡的人都擁有不平凡之處，歐巴馬的不平凡不僅僅在於他是美國第一位黑人總統，也不在於他創造了無數個第一，取得了讓每一個人都為之側目的傲人成績，而是他非凡的解決問題的能力，還有他為解決問題所付出的百分之百的努力。他不會讓自己有所遺憾，也不會讓自己有所保留，當問題出現之後，在歐巴馬看來，要麼傾盡全力來解決眼前

> 無論面對什麼問題，都傾盡自己的全力

的問題，要麼就做一個失敗的人。所以，一旦歐巴馬在選舉道路上遇到了難題，他總是會全力以赴，讓人看到一個百分之百狀態的歐巴馬，所以他能創造無數的奇蹟。

當歐巴馬成功競選聯邦參議員的時候，在很多人看來這幾乎是一件不可能的事，但是歐巴馬做到了。這不僅是因為他非凡的口才和無與倫比的個人魅力，還在於他全心全意地付出。後來，歐巴馬和妻子來到華盛頓的一個飯店，準備參加幾天後的聯邦參議員的就職典禮。歐巴馬後來告訴一個記者說：「那天早上，我們走出電梯的時候，蜜雪兒看著我，對我說：『真的，我都沒想過你會競選成功。』」

這就是歐巴馬，即使是最親近的人，也不能完全正確地評估他的實力。因為當一個人保持全心全意的狀態的時候，再大的困難，再不可能實現的事，都會變成現實。上帝總是會青睞勤奮的人。

在歐巴馬就職聯邦參議員之後，他並沒有只是把這當作一份工作，他清楚地知道自己來到這裡的目的，所以他保持他的優良品格，為做好就任的每一份工作，他每天都要求自己保持百分之百的精力。歐巴馬為了提升自己的能力，豐富自己的經驗，不僅把目光放在美國，還把目光放在了全世界，他要得到全世界的青睞和認可，這將對他以後的工作有非常大的幫助。所以對內，歐巴馬加強與選民的溝通，在伊利諾伊州一共召開了40次集會，聽取他們對他的要求和期望；對外，歐巴馬跟隨其他參議員周遊列國，先後去了俄羅斯、中東地區和伊拉克。

在參議院，由於民主黨這時還是少數黨，立法控制在共和黨手中，歐巴馬盡量避免參與黨派之爭。他試圖移植自己在伊利諾伊州的經驗，與共和黨合作，為國家和絕大多數人民謀利益。當他投票支持共和黨的

第四章　前行不懈，追求無限可能

一個限制集體訴訟賠償額度的法案時，很多民主黨員十分不滿，認為他跟狡詐、與大公司同流合汙的共和黨員穿一條褲子。但是歐巴馬沒有改變自己的立場。作為律師，他十分清楚，在這類訴訟中，真正受到傷害的人並不能得到補償，反而是有些大公司快速達成庭外和解，因此受害人搞不清楚誰是罪魁禍首。

現在一個十分棘手的問題出現在歐巴馬面前，他要面對的不僅是將自己的工作做好，還要面對參議員中的黨派關係，因為每一項法案的提出與生效，直接關係到一個政黨的利益，如果不能充分保證政黨的利益，那麼這個法案通過的機率就非常小，但是他沒有因此而放棄為美國公民爭取利益，他反而用自己獨特的魅力，嘗試與其他更有地位的參議員共同提案，最終他解決了一個又一個難題，讓一個又一個法案從他這裡誕生。

例如，歐巴馬和來自亞利桑那州的參議員馬侃和來自麻薩諸塞州的參議員愛德華．甘迺迪（Edward Kennedy）聯合起草了《保證美國安全，加強移民管理》的法案。他們希望能夠透過一系列措施解決非法移民的問題，可是這一項法案卻沒有得到青睞，直接遭到封殺。歐巴馬還與共和黨最為保守的、來自奧克拉荷馬州的參議員湯姆．柯頓（Tom Cotton）聯合起草了《聯邦消費問責與訊息公開法案》和《監督法案》，《聯邦消費問責與訊息公開法案》規定聯邦政府必須把使用納稅人的資金的每一筆款額在網路上公布，而《監督法案》則旨在杜絕在卡崔娜颶風之後聯邦重建工作中簽訂任何合約時的走後門現象。兩個法案都被通過。

當然，這些並不是歐巴馬的得意之作，歐巴馬最重要的立法建樹是他在2005年與當時參議院外交事務委員會主席、來自印第安納州的參議

> 無論面對什麼問題，都傾盡自己的全力

員理查・盧加爾（Richard Lugar）一起起草的《盧加爾——歐巴馬法案》，該法案主要是為了提升美國國務院與俄羅斯合作尋找和限制核武器的生產和囤積的效率。為了這一項法案，歐巴馬付出了所有的努力，在這個法案提出之前，他與盧加爾一起訪問了俄羅斯、亞塞拜然和烏克蘭等國家，從中找到法案的可行性。最終，布希總統於 2007 年 1 月簽署了這一法案。

無論處於哪一個位置，歐巴馬總是能將工作做得十分出色，他不是一個坐領乾薪的人，擔任什麼樣的職位，他就會付出相對應的汗水，絕不會為了輕鬆而敷衍了事，而是為之付出百分之百的努力。歐巴馬隨時隨地都保持著十足的工作狀態，使得他不僅能夠做好自己的本職工作，而且能從中學到自己想要的東西。

世界上沒有做不成的事，只有做不成事的人。如果你還未跨入優秀的行列，說明你還沒有盡職盡責地工作，沒有全心地投入到工作中。「天下沒有白吃的午餐」，一分收穫對應一分甚至幾分的付出。只要你盡力去做，許多困難都會迎刃而解。

所以，當我們想著去解決一個問題的時候，不要認為這只是一個小問題，就保留自己的實力，那樣會養成馬虎和隨意的壞習慣，人的很多壞習慣都是年輕時養成的，只有隨時保持全身心的投入狀態，當你遇到其他問題的時候，才會維持飽滿的狀態，讓問題變得不再是問題，認真地做好每一件事。

第四章　前行不懈，追求無限可能

成功在於不斷地尋找，
及時地實現自己的想法

> 如果一個人停下了他的腳步，那麼他的目標將會變得極其空洞，他就無法看到不遠處的希望，更不可能找到人生的價值。因為只有勇於尋找的人，才能真正地感受到太陽耀眼的光芒。

每個人在自己的一生中，有著種種的憧憬、種種的理想、種種的計畫，如果你能夠將這一切的憧憬、理想與計畫，迅速地加以實現，那麼就會在事業上取得很大的成就。然而，人們往往有了好的計畫後，不去迅速地執行，而是一味地拖延，讓一開始充滿熱情的事情冷淡下去，強項逐漸消失，計畫最後破滅。

當一個生動而強烈的靈感突然閃耀在一個作家腦海裡時，如果他那時因為有些不便，無暇執筆來寫，而一拖再拖，那麼，到了後來那靈感就會變得模糊，最後，就會完全從他想法裡消逝。

歐巴馬是一個有著遠大目標的人，他是美國第一位黑人總統，同時也是《哈佛法律評論》第一任黑人主編，在他身上有著數不清的傳奇，為什麼他能實現別人想都不敢想的目標呢？因為他勇於尋找，不滿足於眼前的成功。他把不斷地尋找人生的可能化為一道又一道可行之光。

> 成功在於不斷地尋找，及時地實現自己的想法

　　1995年，伊利諾伊州黑人女參議員帕爾默決定競選聯邦眾議院議員。歐巴馬決定去競選她留出的空缺，帕爾默也支持歐巴馬參選。然而，天有不測風雲。帕爾默的競選出師不利，她很快就意識到她不可能擊敗對手當選。三思之後，她決定退出參選聯邦眾議員，並勸告歐巴馬退出選舉，讓她重回州參議院。

　　很多芝加哥市區民選黑人官員都認為歐巴馬初來乍到，來日方長，應該禮讓帕爾默。但是，歐巴馬的競選已經如火如荼地展開，而且他是一個政治抱負遠大的人，不肯就範。帕爾默之後宣布與歐巴馬競爭。為了重新加入選舉，帕爾默必須要拿到一定數量的選民請願書，而且她很快就拿出100個選民懇求她參選的請願書。歐巴馬懷疑帕爾默可能在請願書上做了手腳，就公開提出認證這些請願書。果不其然，很多請願書上的簽名不是真的。帕爾默被剝奪了參選資格，歐巴馬獲得提名，並在11月7日的大選中當選。

　　雖然芝加哥的一些黑人政治家不喜歡歐巴馬把帕爾默「趕出」政界的手腕，但是還是有一些人對歐巴馬表示支持，其中就有艾米爾‧瓊斯(Emil Jones)，瓊斯是州議會黑人黨團的主席。議會的一個白人助手丹‧西蒙協助歐巴馬，西蒙給歐巴馬的第一個建議是如果他以後還想在政治上更上一層樓，他就需要走出芝加哥，到伊利諾伊州的其他地方去走走看看。住在芝加哥之外的大都是務農的白人中產階級，在1960年代的民權運動中，他們是最反對黑人爭取種族平等的族群。歐巴馬接受了他的建議，頻繁到伊利諾伊州的南部走訪。他感覺他們就像他的外公外婆，可以與之交談和交流。白人也對他越來越有好感。

第四章　前行不懈，追求無限可能

　　伊利諾伊州的議會中民主黨是少數，要想讓自己的提案變成法律，沒有共和黨的支持不可能實現。在歐巴馬任職的第一年和第二年，他每年都使得數個提案變成法律，到了第三年，他的 60 個提案中有 11 個變成了法律。他的成功主要在於他能跟共和黨的同事一起切磋和交流，並獲得他們的支持。求同存異，這是歐巴馬在《哈佛法律評論》雜誌當主編時學到的本領。不久，歐巴馬做了參議院衛生與社會服務委員會的主席。

　　在歐巴馬當選成功之後，他實現了自己部分的政治目標，但是我們應該清楚，這並不是歐巴馬的最終目的。可以說，他的當選讓很多人並不看好，因為他初入政壇，並不具備優勢，在很多人眼裡，他還年輕，並不能勝任這樣的職位。但是歐巴馬卻不這麼認為，他覺得自己可以，自己完全有能力。正是因為他的勇敢，他的執著，才讓他打開了通向夢想的大門。

　　每一個成功的人都曾遇到過冷漠，他們在別人眼裡並沒有太多的優勢。在這種情況下，你會如何去選擇呢？是大膽地去想像，大膽地去追尋，還是聽從老一輩的「教導」，安於現狀呢？如果說你不敢尋找，那麼你如何看到成功的希望之光呢？歐巴馬說：只要我們勇於尋找，希望總在不遠的前方。

　　歐巴馬深知這樣的道理，所以他沒有停留在這裡，他對自己已經取得的成績似乎並不滿足，他還想追求更高的人生目標，並躍躍欲試地等待著自己的機會。在很多人看來，他擁有「總統相」，而這個總統相並不是由空想得來的，而是他勇於想像，勇於探索，勇於追尋的結果。在別人看來不可能的，在他看來完全有可能，因為他所信奉的真理是：希望

> 成功在於不斷地尋找，及時地實現自己的想法

在自己的腳下。巴拉克·歐巴馬兼有老虎伍茲（Tont Woods）式的跨文化魅力，以及甘迺迪式的年輕魔力，這位47歲的黑白混血參議員身上擁有的某種東西，很容易讓人忍不住拿他和甘迺迪兄弟、柯林頓，甚至隆納·雷根（Ronald Reagan）做一番比較。

一位美國政界的高層人士說，他所感覺到的歐巴馬是一個非常具有「總統相」的人，只有甘迺迪的「總統相」能和歐巴馬相比。只有這兩個人一出場的時候，無論從眼神，從氣場還是從整體上的「霸氣」來看，你都能感覺到他就是當總統的料。柯林頓在這方面還不如歐巴馬。甘迺迪兄弟能用很簡潔的話語表達出世界上許多不同國家的共同希望和夢想，他們甚至能鼓動很多美國人麻木乾涸的心靈。而歐巴馬也很善於透過演講來直指人心。歐巴馬角逐總統的方式與約翰·甘迺迪也頗為相像：許諾變革，散發魅力，淡化經驗的作用。但要無愧於「下一個JFK（J.F.甘迺迪）」的稱號，歐巴馬還有很長的路要走。與歐巴馬相比，當年的甘迺迪已經是個政壇老手。1960年1月宣布參選總統時，他已代表麻薩諸塞州當了十三年國會眾參議員。

即使是普通的美國人也認為歐巴馬有領袖風度，換句話說就是有「總統相」。2008年3月3日晚上，在一輛賓士車裡，車上的音響如往常一樣在放華盛頓當地電臺WTOP。男主播正在和某位選舉專家進行連線採訪，談論的內容有些出乎駕駛的意料。他們討論的話題是「一般人如果想受人歡迎，應該從歐巴馬身上學習什麼」。那位專家用十分粉絲的語氣說：「哦，歐巴馬！他非常有魅力！」主播問：「那麼他的魅力從何而來呢？」「當他面對壓力的時候，他非常平靜而且樂觀，他總是很有禮貌、有耐心。當然，我們一般人也能夠做到平靜樂觀，但在面對壓力的時候

第四章　前行不懈，追求無限可能

就不一定了。性格溫和還能有領導者的風範。歐巴馬掌握了這個尺度。」「那麼和他相比，希拉蕊欠缺什麼呢？」「她總咄咄逼人，具有進攻性，讓人覺得很不好接近。」

拖延對於我們每一個人來說，危害都是極大的。世界上再沒有別的什麼習慣，比拖延更為有害的了，也沒有別的什麼習慣，比拖延更能使人懈怠並減弱人們做事的能力了。人應該極力避免拖延的惡習，但是事實是，只有少數人能夠堅持不懈地去執行他的決定，而沒有任何拖延，所以也只有少數人才能成功。

不管是由於懶惰造成的拖延還是由於考慮太多所致的拖延，都會讓人毫無收穫，成不了大事。因為拖延會讓時機從身邊跑掉，讓別人得到先機。所以，對於一個人的成功來說，拖延是一個陰險的仇敵。如果我們想要獲得成功，就應該及時地實現自己的心中所想，這樣才能趕赴新的旅程。

第五章

掌控未來，知識與技能是最強武器

第五章　掌控未來，知識與技能是最強武器

充分激發你的潛能

> 一個人的潛力有多大，即使是最頂尖的科學家也無法完全推算出來，但是我們知道，如果一個人能將自己的潛力充分發揮出來，整個世界也會因此發生震顫。所以我們要時刻保持高度的警覺，充分發揮自己的潛力，把每一件事都做到完美，創造屬於自己的奇蹟。

人的潛能是一座待開發的金礦，蘊藏著無窮的力量，價值無限，所以我們每個人都擁有一座潛能金礦。大自然賜給每個人巨大的潛能，但由於沒有進行各種智力訓練，人的潛能似乎尚未得到淋漓盡致的發揮。而在尋求極限體驗的過程中，隨著「極限時刻」的來臨，你的潛能會一次又一次被激發出來，你會感到，自身的力量是無限的。

在現實生活中也是如此，據科學研究顯示，人腦至少有90%～95%的潛能沒有被充分挖掘出來，人類運用的只是極少的一部分。一個人如果能夠充分挖掘自己的才能，那麼他成功的機率就大得多。歐巴馬的成功正是源於他發揮了自己無限的潛力，在很多人並不看好他的情況下，他能充分發揮自己的優勢，最終獲得成功。

歐巴馬擁有非常好的口才，文章也是自己親自寫的。他受過哥倫比亞大學與哈佛法學院的砥礪，自己還寫了《我父親的夢想》和《無畏的希

充分激發你的潛能

望》兩本書。其實歐巴馬早在大學三年級參加反對南非種族隔離的活動時就意識到自己有打動聽眾的本事，之後，他出任哈佛大學法學院由學生主辦的《哈佛法律評論》的總編，也靠三寸不爛之舌把一群不可一世的學生編輯團結在自己的周圍。

　　口才成了歐巴馬潛力發揮的關鍵，他的每一篇演講都繪聲繪色，都能打動聽眾，聽眾能從他的演講中了解到歐巴馬是一個什麼樣的人，所以他能夠在短短幾年內創造出美國政壇多個第一，完全是因為他出眾的口才，以及他出色的潛力發揮。每一次的選舉，他都脫穎而出，不費吹灰之力就能擊敗對手，而且很多情況下他處於完全的劣勢，但最終他都能巧妙地將劣勢轉化為優勢，獲得最終的勝利。這正是他潛力發揮的象徵，這正是他無與倫比的個性之所在。

　　2002 年 10 月，歐巴馬在芝加哥發表反戰演講。他當時是伊利諾伊州的州參議員，演說得很好但是並沒有媒體的關注。事實上，直到 2004 年民主黨全國代表大會前，歐巴馬在民主黨中，在美國，除了芝加哥和伊利諾伊州，還是個名不見經傳的年輕人，與美國大部分年輕人一樣，並不被大眾所知曉，更不用談被接受了。但是，在 2004 年 7 月，凱瑞競選團隊決定讓歐巴馬在民主黨全國代表大會上做主題發言，闡述民主黨的治國綱領。憑著這篇慷慨激昂、打動人心的演說，歐巴馬脫穎而出。

　　歐巴馬在演講中提出美國的問題在於分裂──黨派分裂、種族分裂，希望能結束種族分裂與政黨分裂，在變革中和解共生。「這不是一個自由派的美國，也不是一個保守派的美國，這只是一個美利堅合眾國。這不是一個黑色美國和一個白色美國、拉丁裔美國、亞裔美國，這裡只有一個美利堅合眾國。」這一希望是對子孫的承諾，是民族榮辱與

第五章　掌控未來，知識與技能是最強武器

共的信仰，是世代人信仰的「美國夢」。

當時的歐巴馬正在競選聯邦參議員，他在競選臺上做了非常精彩的演講，敏銳地洞察美國現狀，在場的每一個聽眾都給了他熱烈的掌聲，這次的演講讓他一舉成名。有人預測他會成為未來的美國總統，如果這種預言能夠成真，那麼只能說明歐巴馬的總統相已經深入到美國人心目中了。他參選總統的宣告、關於種族問題的演說、初選勝利的演說無不慷慨激昂，鼓舞人心。

歐巴馬具有非凡的才能，我們可以從他的成功中獲得些許啟示，而這些也許能為我們的生活帶來實質性的改變。從他身上，我們再一次看到了潛力的作用，他能將自己的才能發揮到極致，能最大化挖掘自己的潛力，是他取得成功的保障之一。他用自己的優勢去撞擊對手的劣勢，能創造一個又一個的奇蹟，並不是完全的偶然，在偶然之中有著必然之勢。那就是他甘願冒險，很多時候，在別人看來並不合適的機會，他都能敏銳地覺察出關鍵處，然後為之而努力。在別人看來是一種冒險，在他看來卻是一次挑戰。正是這些挑戰讓他的路越走越寬，讓他的未來離理想越來越近。

事實上，只有冒險才會有意外的收穫。如果你知道冒險的樂趣，你就會沉醉其中，不肯捨棄。如果你能預知冒險之後你的生活會為你帶來多麼大的快樂，相信你會迫不及待地開始尋找。對於一個奉獻自己的人來說，生活就是一種光榮的冒險事業，只要你能對問題採取正面的態度，你的問題就解決了一半，只要你勇敢地冒險，拿出更大的心力，勝利就會提前到來。

充分激發你的潛能

　　你要勇於想得更偉大，勇於做一個偉大的人物，如此你將擁有更豐富的生活。世界上到處充滿機會，勇於冒險必然會有豐富的收穫。正如歐巴馬的成功，他每一次的機會都源於他的冒險，從看似不可能的機會中找到機會，而這正是他不斷地超越自我，不斷地發揮自己的潛能的結果。

　　很多時候，我們的機會源於一次冒險，尤其是對年輕人來說，熱情會讓你們變得更有動力，更有勇氣去闖一闖。並不是每一個人都能做到像歐巴馬那樣，但是我們要勇於想像，勇於尋求新的東西，而不是在一成不變的社會中隨波逐流。

　　每一次的尋找，都可能有一次突破，每一次的突破，都可能為你帶來新的機會，每一次的機會，都能助你一步一步走向成功。也許當你拋開了塵囂瑣事，凝神面對自我，尋求極限、挑戰極限時，在極靜與極動轉換間，你會發現，超越自我變得那麼自然；你也會發現，自身蘊藏著無盡的潛能。

第五章　掌控未來，知識與技能是最強武器

生活不是簡單的重複，我們要善於改變

> 你能否適應社會，並不在於你的能力有多麼出眾，而是你能否適時地改變自己。當你處於危難之中的時候，你能否讓自己順利過關？當你與他人格格不入的時候，如何把這種不同轉化成自己的優勢？要做到這些，你需要學會改變，不能被重複的生活所限制，唯有改變才能讓你邁向成功。

　　世界每時每刻都在變化，每一次的變化都會帶來全新的東西，當你面對這種變化時，你能否適時地改變自己，不做一成不變的老頑固呢？如果你不改變自己，那麼最終的結局可能就是失敗，這種失敗也許會是致命的，所以你要學會改變，無論是好的境遇，還是不好的境遇，你都要學會改變自己，讓自己更好地去適應。

　　作為美國首位黑人總統，歐巴馬就是一個善於改變的人。他不會抱怨世界為什麼給他黑色的皮膚，反而會感謝他的膚色，是這種膚色讓他了解到了美國的現狀、世界的現狀，是這種膚色給了他生活的鬥志，讓他無論遭遇什麼樣的打擊，都能很快地轉變過來，這正是源於他出色的改變能力。這種改變使得他更加堅韌，更具有魄力，這種改變讓他一步一步踏上了成功的路途。

> 生活不是簡單的重複，我們要善於改變

在歐巴馬成功當選美國總統不久，有人別出心裁地提出用一種動物描述他，有人說像蛇，還有人說像獅子、老虎，但是唯有獵豹獲得了最高的支持率。這是因為獵豹在捕食的時候極具耐性，沒有百分之百的把握，絕不輕舉妄動，即使獵物有時近在咫尺，只要有一點隱患，它就悄悄地等待，直到萬無一失，才以迅雷不及掩耳的速度撲過去，一舉將獵物捕獲。在整個競選過程中，歐巴馬的沉穩和老練受到廣泛稱讚。他順應局勢迅速做出相應的改變，而不是單純地等待時機。在這個過程中，他一直在耐心等待，這等待不是靜止的，而是與當時時局相輔相成的。

歐巴馬一直在告誡自己不能急功近利、急於求成，有太多人毀在一時的衝動和缺乏忍耐上。他們只想著快一點，再快一點，只要抓住它，就成功了。但事情往往在這美好的一刻終止，缺乏忍耐是這些人的通病。或許是吸取了前人的教訓，歐巴馬每做一件事都謹慎仔細，這也在無形中增加了他做事的成功率。人們也在他的隱忍中讀懂了一個領袖所應具有的獨特特質：耐心、穩重、辦事有章法。正是看重這一點，民眾才會認同、讚賞他，選擇他作為自己國家的領導者。歐巴馬也藉此脫穎而出，成功實現自己的人生理想。

忍耐的精神與態度，是許多人能夠成功的關鍵。就像業務員推銷商品時，不管對方怎樣傲慢無禮，都繼續向對方介紹自己的產品，這種商人才能得到成功。一次推銷不成，兩次、三次、四次，最後使對方不但欽佩你的勇氣與決心，還能感受到你的忍耐與誠懇，從而照顧你的生意。在商界中，生意做得最大、客戶最多的人，往往是那種不灰心、能忍耐，絕不在困難時說「不」的人，一受到刺激就不能忍耐的人，不會有大成就。

第五章　掌控未來，知識與技能是最強武器

　　歐巴馬非常能忍耐，他會等待最佳的時機，並且不讓機會從他眼前溜走。如果你要感嘆，歐巴馬的成功來自於他把握機會的能力，那就是大錯特錯了，因為把握機會只是他表現出來的結果，而並非他在走向總統的過程中所表現出來的絕對原因。歐巴馬競選總統那一年，美國的局勢處於變更中，每天都可能出現全新的東西，而這些事情，可能直接影響到歐巴馬的前程。但是歐巴馬清楚地知道要坐好總統這個職位，僅僅依靠出眾的口才是遠遠不夠的，他需要有洞察先機的能力和順應時事而迅速做出改變的能力。

　　當時美國的經濟狀況非常之糟，唯有能順應時事而進行妥善應對的人，才能從低迷的經濟中找到突破重圍的道路。歐巴馬是這樣想的，也是這樣做的，他表現給美國人的不僅僅是一個諾言，更重要的是實現諾言的能力，順應局勢而改變的能力。歐巴馬改變了膚色帶給他的困擾，成功地將這種困擾轉化為自己的優勢，他讓更多的美國人覺得，這個來自黑人階層的美國人，將帶給他們與眾不同的美國。

　　每一個成功的人，都是一個善於改變的人，他們不會侷限於自身的條件，而是從這種條件出發，慢慢地改變自己，讓自己更好地適應這個社會。而不是硬著來，非要碰個你死我活不可。大自然的法則是不會變的，你不可能要求社會為你而改變，不懂得改變的人，最終將被社會所淘汰，在理想的道路上遭遇失敗。

開始讓自己獨立，嘗試沒做過的事

開始讓自己獨立，
嘗試沒做過的事

> 每一個成功的人，都有一顆勇敢的心，他們勇於嘗試自己沒做過的事，在每一次的嘗試中，他們的能力在無形之中得到了提升。如果我們不樂於嘗試，永遠在別人的後面行走，那麼我們就永遠不可能取得屬於自己的成功。所以，年輕人更應該開始讓自己獨立，去嘗試生命裡的那些不可能，最終你也會得到上帝的青睞。

要實現理想，並不是一朝一夕就能做到的事，生活中的艱難險阻在所難免，如果一味畏懼困難，拒絕前行，不但自己的發展會受到極大影響，別人也會認為這樣的人缺乏鬥志，沒有理想和抱負，這樣的人不會受到他人的歡迎。只有歐巴馬懂得去嘗試那些別人看起來不可能的事，他用自己的勇氣和堅韌創造了一個屬於自己的傳奇。

事實上，我們大多數人都有著相同的經歷。我們要開始讓自己獨立，如果都跟著固定的模式走，那如何才能算作獨立呢？我們只是從一個固定的圈圈跳到另一個固定的圈圈，唯有創新、唯有勇於挑戰自己的人才能真正讓自己獨立。

第五章　掌控未來，知識與技能是最強武器

　　歐巴馬說：「我曾經是最不肯贏的人。」說這句話的時候，歐巴馬正站在芝加哥美麗的夜空下，熱情澎湃地向臺下數萬的支持者發表總統獲勝感言。歐巴馬最終獲得了成功，最終贏了那些不可能贏的人，這是為什麼？因為他勇於去嘗試，那一年，他47歲，有一個賢惠的妻子和兩個可愛的女兒，幾年前剛剛用出版自傳得到的稿費還清貸款。他曾經有一位慈祥的外婆，「外婆是我一生的財富」，然而非常不幸的是，在歐巴馬競選期間，他的外婆生病去世了，這對歐巴馬來說是一個不小的遺憾。

　　他在演講中說，他最初沒有錢、沒有場地、沒有人脈，甚至連妻子的支持都沒有，「她怕我的身體承受不住」，可以說歐巴馬的一切都顯得毫無希望。而且在選舉中，他的出身、膚色、曾經的劣跡總是成為對手攻擊的首選。他曾經在高中的時候迷失自我，他「不知道自己是誰」，膚色的差別為他帶來了無盡的困擾，他不知道為什麼自己黑、別人白，他為什麼要從夏威夷跑到印尼，又從印尼回到美國，只好一個人默默地去承受這些打擊。那時候，在歐巴馬身上有太多的問題難以解答，這也成為他最初不被看好的原因。

　　但是這些沒有阻止歐巴馬的夢想，他有一個夢，正如他的偶像馬丁・路德・金恩懷有一個夢一樣，那篇著名的〈我有一個夢〉一次又一次地鼓舞著歐巴馬的心扉，啟迪他的心靈，讓自己向「不可能」衝去，有了這樣的理想和偶像，歐巴馬就真的披荊斬棘般向自己的目標奔去。為了心中不滅的夢想，歐巴馬夜以繼日地工作，並深入社區，關心失業者和無家可歸的人；他在辯論臺上與對手脣槍舌劍；回到家裡，他還要關心孩子的學習成績和學費。

開始讓自己獨立，嘗試沒做過的事

歐巴馬的一切都在艱辛中度過，但他從沒說過放棄，因為他自己心裡有理想，他相信只要自己肯堅持，理想終究會實現。誠如他所說：「我談的是當奴隸們圍坐在火盆旁取暖，高唱自由之歌時心中的希望；當一個有著奇怪名字的小孩深信美國將有他一席之地時的希望。希望——面臨艱難困苦時的希望，面對不確定性時的希望，無畏的希望。」

對歐巴馬來說，所有的一切都是嘗試，他必須比別人更堅韌，必須比別人更有勇氣去嘗試那些不可能的東西，他不懼怕失敗，不懼怕別人的打擊。

在他看來，每一次的嘗試都會為他帶來無盡的財富，那是那些出身條件好、別人更看好的候選人所買不到的。他把自己當作億萬美國人中的一員，不是統治他們的人物，而是與他們處於同一階層的美國人。他的這種嘗試，贏得了美國人的敬仰，也贏得了美國人的支持。

歐巴馬用夢想和希望吶喊，這正是所有人想聽到的，這也是他變不可能為可能的關鍵所在。一個擁有無窮鬥志的人終究會獲取勝利，也會得到大家的推崇和認可。他扭轉乾坤，將一切變為可能，感召和引領了無數美國人，成為推銷自己、展現自我價值的典範。

不要懼怕嘗試，嘗試並不是一件壞事，只有嘗試才能讓自己找到合適的路，只有嘗試才能讓你更清楚地了解自己的目標。作為新時代的勇者，充滿朝氣的年輕人，我們更不應該害怕，即使第一次失敗了，我們還有第二次，第二次失敗了，還有第三次，總有一次我們會成功。但是，如果我們沒有踏出這一步，那麼，我們就永遠也不可能成功，永遠也不可能看到理想開花的那一瞬間。

第五章　掌控未來，知識與技能是最強武器

　　年輕人更應該開始讓自己獨立，讓自己擁有足夠的能力去面對生活裡的所有難題。即使面對自己沒有做過的事，也要勇敢地去嘗試。如果我們在年輕的時候不去嘗試，那麼以後就更不可能去嘗試了，這一種勇氣，會讓我們的人生變得充滿挑戰和意義。

學會判斷是非，堅持自己的原則

> 每個人都應該有正確的是非觀，它能讓你正確地衡量一件事的對與錯，是衡量良知的尺規。我們可以分辨出什麼是對，什麼是錯，對於正確的，就應該堅持，對於錯誤的，及時改正，如此才能做一個讓人信服的人。

在我們的生活中做許多事情都離不開價值判斷，凡事都要講求是非對錯。因此，如何辨別是非，是一個有志向的人要面對的首要問題。只有當我們知道了什麼是善惡是非以後，才能決定自己做什麼，不做什麼，才能給自己清晰的指導方向。

所謂「是」指對的、正確的，所謂「非」是指錯的、不對的。「是非」指的是事理的正確與錯誤。我們不能把對的當作錯的，那樣會殘害忠良，更不能把錯的當作對的，那樣會落得糊塗的下場。只要是成功的人，都有屬於自己的是非價值觀，他能分辨出什麼是對的，什麼是錯的，並能堅持自己的判斷。如果他認為是對的，那麼即使遇到他人的反對或是冷眼，他也會堅持到底；如果他覺得是錯的，那麼他會及時地改正，讓自己朝正確的方向行進。

如果我們是非善惡不分，那麼又如何來談成功呢？在歐巴馬的一生中，黑人身分給了他很多感觸，這讓他更明確地認可自己的是非價值

第五章　掌控未來，知識與技能是最強武器

觀，他知道自己所做的事是對的，是正確的，所以他能很堅定地相信自己的理念。當別人以為他是異想天開的時候，他卻從中看出了可行之法，他認為自己所做的事完全是正確的，只有正確的方向、正確的觀念，才能得到上帝的垂青，而這一切都源於他青年時期的一件事。

在歐巴馬16歲那年，發生了一件改變他一生的事，這件事使得他辨別了是非對錯，更加堅定了自己的夢想。

有一天晚上，外婆下班後陰沉著臉回到家裡，向外公發牢騷。以前，她每次回家時通常都是帶著微笑，她對自己的工作一直以來都很喜愛，從來也沒有因為工作上的事情抱怨過。她還多次跟歐巴馬強調，她不了解為什麼人們對工作上的事有那麼多的牢騷，以及所謂的歧視呀，不公平呀。可是今天她有點反常，這讓歐巴馬覺得很奇怪。

一直以來搭公車上下班的外婆，突然要求外公開車去接送她，外公嫌麻煩不去，兩人為此吵了起來。

原來那天外婆遇到一個追著她要錢的黑人乞丐，不給就不走，實在是把她嚇壞了。其實這本來不該引起爭論，但是由於那個乞丐是個黑人，一個關於施捨的簡單話題就被轉移到關於種族歧視的討論上，外公更是直接指責外婆有種族歧視的傾向。突然間，歐巴馬發現原來在自己的家裡，自己最親近的人裡面，關於種族的看法也存在著差異。

這件事讓歐巴馬很想不通，如果那個乞丐是個白人，外婆也會有同樣的反應嗎？他沒辦法回答這點。因為黑色的肌膚帶給他一種來自於種族深層的聲音，他覺得很困惑，他也感到不可思議，他想排解心中的疑問，於是他決定找他的一個黑人朋友法蘭克談談，也許他能告訴自己這

些答案。

法蘭克是一位詩人，80多歲了，以前是個黑奴，住在堪薩斯離外公外婆幾公里遠的地方，後來住在夏威夷一個很破舊的房子裡。歐巴馬已經三年沒有見到他了，花了點時間才找到法蘭克住的地方。法蘭克也沒有受過什麼正規教育，但他是個文學愛好者，喜歡寫點小詩，他是歐巴馬知道的最有學問的黑人，是他心中的智者。

法蘭克在了解他的來意後對歐巴馬說：「我是黑人，他是白人，這決定了我和他的完全不同。他也曾經僱傭過黑人來照看你的母親，但他還是無法理解我們這些黑人內心深處的感覺和創傷，他無法理解親自見證自己的父母受白人羞辱時心中的滋味。」

白人不能接受黑人，黑人對白人有排斥感，這就是美國社會的現實，即使在夏威夷也如此。法蘭克的這一番話給歐巴馬很大的感觸，他開始懷疑，對自己來說什麼才是對的，什麼才是應該為之堅持的。他後來了解，黑人在美國所處的地位是非常低的，他們得不到和白人相同的權利，在他們身上有著不為人知的苦楚和辛酸。

經歷過這件事的歐巴馬更加清楚地看到了美國的現狀，後來他到社區服務的時候，這種想法在他的腦海裡變得更為強烈，變得更加清晰。他擁有了屬於自己的是非價值觀，並且堅信自己所做的一切都是有意義的。無論是對白人來說，還是對於受到歧視的黑人來說，這些將有利於生活在美國的每一個公民，讓美國繼續成為世界的領導者。這是每一個美國人的夢想，也是歐巴馬的夢想，美國人民的夢想在歐巴馬心中誕生，他因此而變得更有動力，他的力量也將因此而爆發。

第五章　掌控未來，知識與技能是最強武器

　　在我們的人生道路上，在每一次接觸、判斷、處理各種事情的過程中，透過道德的陶冶、對法律的知悉、對榜樣的選擇、分析能力的提升、理想的確立等途徑，一個人的是非善惡觀就會逐漸清晰和堅定。年輕時期是人生觀定型的重要階段，這個階段人生尺規的選擇，將直接決定我們的人生。社會生活非常複雜，人們對生活的追求不同，價值標準也不一樣。也就是說，人們是用不同的標準去衡量和判斷事物的。

　　我們年輕人，應該有正確的是非觀念，能夠獨立地思考和探究事情的對與錯、好與壞、美與醜，知道什麼是該做的，什麼是不該做的。應該做的就努力去做，不應該做的就堅決不做，而不是看他人的臉色行事，以他人的觀念為準。只有這樣，才會多一些理性，少一些迷信和盲從，形成牢固的、正確的是非觀念和良好的行為習慣，最終成為一個有利於社會的人。

關鍵時刻要出狠招，
不能手下留情

> 在人生的路上，總會遇到關鍵的時刻，這一時刻如果處理不好，掌握不好，先前為之做過的努力可能就會因此白費。每一個獲得成功的人，都能很好地掌握屬於自己的時刻，並且能下「狠」手，因為如果你替對手留下喘息的機會，那麼最終失敗的很可能就是你。

只要是獲得成功的人，他們在應對關鍵時刻時，總是能適時地出招，並且絕不會手下留情，那是一種讓對手無法招架的狠招，那是決定勝負成敗的主要因素，他們為這個時刻很可能謀劃了很久，等待的就是這樣一個機會。對歐巴馬來說，他遇到的關鍵時刻卻是自己的危機時刻，因為這直接關係到他的競選，如果處理不好，會直接斷送他的總統夢。

在賴特事件上，歐巴馬遭遇了對手殘酷的打擊，與賴特的關係成了他競選途中的一大障礙，如果他處理不好，總統之位可能就會與他失之交臂。對此歐巴馬很果斷地撇清了自己與賴特事件的關係，他這樣說：「我無法否認與他的連繫，正如我無法否認與黑人的連繫。我無法否認與他的連繫，正如我無法否認與我外祖母的連繫。」

第五章　掌控未來，知識與技能是最強武器

賴特在美國是個極具爭議的人物，身為美國公民，卻經常發表對美國不利的言論。這讓歐巴馬感到非常苦惱，並且成了對手打擊歐巴馬的有效手段。在「911」事件之後，賴特說這一事件是美國在國際上橫行霸道後的罪有應得，而且他對美國歷史、政治有著非常激進的看法，歐巴馬因為賴特的言行而受到媒體、對手的抨擊。

如何平息眾人的怒氣成了歐巴馬競選總統的關鍵時刻，可是歐巴馬之前並沒有清楚地了解到這一時刻，他的遲疑與含糊其辭卻讓這股責罵歐巴馬的氣勢更加猛烈。最後，在進退兩難之際，歐巴馬堅決劃清了與賴特的界限，在眾多支持者面前發表了〈一個完善的聯邦〉的演講，這次演講徹底地拯救了歐巴馬，讓他從賴特危機中全身而退。

在演講中，他解讀自己與賴特的關係及賴特背後透露出的深層內涵，解除了人們對自己的誤解，使人們重拾對自己的信心。他在演講中說：「在整個選舉過程中，一直都有評論者說我『不夠黑』。但是我明確地譴責了賴特這些引發了巨大爭議的言論。他充滿種族怨怒的語言不僅是錯的，而且是極端的。這個時候我們需要的是團結，是大家走到一起解決重大問題的勇氣。曾幾何時，這些黑人的憤怒被政客們所利用，用種族主義劃線撈取選票，或是為其個人的錯誤文過飾非。」

如果歐巴馬在應對這些危機的時候，不能果斷地出招，那麼他很可能在賴特事件上越陷越深，並且給對手足夠打倒他的機會。起初的歐巴馬並沒有意識到這一點，在這一事件上並沒有表現出足夠的強勢，最終他受到了非常大的牽連，並且因此受到了眾人的懷疑和憤怒。

在他們看來，歐巴馬是否能夠勝任美國總統的職位是一個未知數，又或者眼前的這個黑皮膚男人究竟是懷著怎樣的目的來競選總統，他是

> 關鍵時刻要出狠招，不能手下留情

否真的以美國人民利益為核心呢？總之，身陷賴特事件的歐巴馬受到了美國選舉人的懷疑。最終，歐巴馬做出了正確選擇，與賴特徹底地撇清關係，甚至更深層地解析了賴特事件，讓更多的美國人了解到事情的真相。

歐巴馬的這一舉動，就像一記重拳狠狠地給了抨擊他的人一擊。他在演講中曉之以理、動之以情。他講道，最初與賴特關係親近是因為賴特從前並不是這樣的一個人，而現在賴特改變了自己，也就改變了在他心中的形象，他覺得賴特深深地傷害了美國的人民，這時他就立即與其斷絕了關係。

歐巴馬同時還講到賴特的背後是無數懷有夢想卻無法實現夢想的黑人青年，他們有自己的抱負、理想，社會卻不給他們施展才華的機會，讓他們繼續在繁重的勞動下求得生存，他們遭到了社會的冷落，在人生的道路上得不到公平競爭的機會。對此，歐巴馬呼籲美國人民團結起來去解決這些問題，不要讓這些事件再次發生，讓美國更加美好和強大。

很多人聽完這次演講後激動萬分，他們覺得歐巴馬已經具備解決危機的能力，在他的領導下，美國必將更加美好。歐巴馬適時地解決了危機，這樣他的選舉之旅就變得非常順暢。在這件事上，歐巴馬讓美國人民看到了希望，看到了他忠心於自己的國家，他是為一個更完美的聯邦而來，為美國的未來而來，並不像媒體的捕風捉影那般，也不像對手所說的那樣，他這樣一個誠實的人，受到了美國人民的支持，贏得了更多的選票。

一個人在決定自己命運的關鍵時刻，必須出狠招，才能救自己於水

第五章　掌控未來，知識與技能是最強武器

火。關鍵時刻的猶豫不決無異於自絕出路，歐巴馬劃清與賴特的界限，重拾民眾的信心，再一次獲得他人的支持。想要成功的人也要像歐巴馬一樣，關鍵時刻出狠招，挽救自己，重新獲得他人的關注與支持。

　　在人生的道路上，並不會一帆風順，很多時候很多事需要我們果斷地去處理，如果處理得不好，很可能就會以失敗而告終。理想之路也是一樣，當我們遇到危機的時候，要時刻保持清醒，適時地找到最佳的處理方式，必要的時候要出狠招，讓對手毫無招架之力。相反，如果我們在重要時刻同情對手，做事猶豫不決，失敗之門就已經悄悄地為你打開，也只有懂得出狠招的人，才會獲得成功。

提升技能，
讓自己擁有競爭的資本

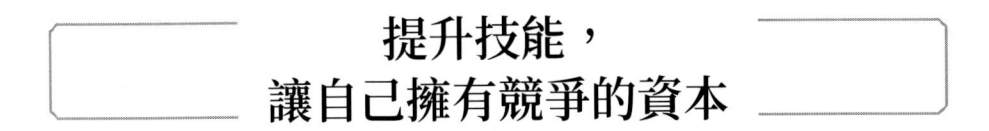

> 我們要注意鍛練自己的內在能力，只有屬於自己的東西，才不會被別人搶走，才不會有失去的一天。要實現夢想，就必須提升自己的能力，讓自己擁有一種可以與任何人抗衡的技能，這是你面對所有挑戰的資本。

你想獲得成功，沒有一門技能是不可能的，技能是能力的具體表現，是讓自己獲得成功的重要保障。如果沒有技能，你就不會出眾，不會擁有實現理想的資本，所謂奮鬥目標也會變成一紙空文，所以對一個渴望成功的人來說，擁有實現理想的技能是很有必要的。

歐巴馬之所以能獲得成功便是因為他有著其他人所沒有的口才。歐巴馬從他的父親那裡繼承了打動人心的方法，他能像他的偶像馬丁·路德·金恩那樣用演講來讓自己擁有更多的擁護者。

可以說，出色的口才是歐巴馬獲得成功的重要保障，他之所以能從一個默默無聞的黑人，到名聲如日中天的總統，可以說口才幫了他很大的忙。歐巴馬的口才總讓人想到雷根，可是雷根的口才雖好，卻不能寫文章，歐巴馬則不僅口才好，自己也善於寫文章。在競選總統期間，歐巴馬寫過兩本書，可以說歐巴馬是一位才華洋溢的總統。

第五章　掌控未來，知識與技能是最強武器

　　早在大三那年，歐巴馬就發現自己有打動聽眾的本事。他出任哈佛大學法學院由學生主辦的《哈佛法律評論》的總編，靠的就是三寸不爛之舌，打動了一個又一個聽眾。2004年7月，凱瑞競選團隊決定讓歐巴馬在民主黨全國代表大會上做主題發言，闡述民主黨的治國綱領。這次演講讓人感受到了歐巴馬的魅力，讓他在大會中成為最受人矚目的明星。

　　事實上，與馬侃相比，歐巴馬幾乎沒有什麼優勢，唯一的優勢便是口才，所以歐巴馬每次都會提前準備好演說的講稿，並且每一次都會精心準備，而不是臨場發揮。正是因為如此，歐巴馬每次演講都能做到繪聲繪色，相比之下，馬侃差了很大一截。

　　如果說歐巴馬沒有演講的能力，那麼他就不可能將自己推銷出去，更不可能實現自己的總統夢，正是因為出色的口才，使得歐巴馬在人生的道路上行走得更加通暢。歐巴馬的口才就是他的一種技能，如何將這種技能最大化地發揮出來，對歐巴馬來說具有非比尋常的意義。

　　歐巴馬的演講風趣、幽默，能讓全場的聽眾為之著迷，這是歐巴馬獲勝的先決條件。美國愛達荷州大學修辭學教授葉卡捷琳娜·哈斯金斯（Haskins Ekaterina）這樣評價歐巴馬，她說：「與其他任何政要相比，他是所有美國人中口才最棒的。」的確，歐巴馬那富有熱情的演講征服了很多人，他將自己的想法最好地表現出來了。

　　為了將自己的技能最大化地發揮出來，歐巴馬可是下了一番功夫。他的演講之所以能獲得成功，與他向演講界的前輩學習密不可分。我們從他的演講中可以看出，歐巴馬認真研究了美國經典的演講，能找出他們的共通點，並能熟練地運用修辭和邏輯，緊緊抓住聽眾的心理，特地營造出一種歷史感、使命感和傳承感。

> 提升技能，讓自己擁有競爭的資本

　　歐巴馬大選獲勝後的演講讓人不禁聯想到美國歷史上兩段最為著名的演說，一段是林肯在西元 1863 年發表的蓋茲堡演說，另一段則是遭暗殺的民權運動領袖馬丁‧路德‧金恩在遇刺身亡前一天發表的演說。正是因為如此，歐巴馬的演講能激起每一個聽眾的欲望，讓人們能在他的演講聲中享受到歷史的滄桑感，讓人覺得他的出現正是歷史的使命。

　　如果說，歐巴馬僅僅是向前輩學習就能做好演講，那只能說是一種模仿，關鍵還在於如何讓更多的美國人從演講中找到屬於自己的影子。為此，歐巴馬拜訪了社區內各個黑人教堂，在了解他們時，也學習了黑人牧師講話的節奏和誇讚的神態。不僅如此，歐巴馬還非常注意聆聽他人的要求，無論是黑人還是白人，無論是中產階級還是底層平民，他都主動接觸，思索他們的意見，為他們的利益奔走呼號。

　　可以說，出色的口才造就了今天的歐巴馬。我們是不是應該從歐巴馬身上了解到知識和技能的重要性呢？因為無論在什麼工作領域，只有當一個人擁有了別人不可替代的能力時，自己的地位才會變得十分穩固，才會打敗自己的競爭對手。

　　一個人若沒有一種特長是很難實現理想的，如果你真想求得機會，最好還是從自己身上找出路。所以，我們要最大限度地培養自己的本領，並將它積存起來，這些能力會慢慢轉化為一種看不見的財富，使你在人生的道路上面對他人的挑戰時變得更有競爭力。

　　同時，我們要確立學習的目的，學習不是為了讓自己去了解更多的東西，不是紙上談兵，最重要的是為了「致用」，知識不能在實際工作中發揮作用就等於沒有任何優勢。只有將知識轉化為能力之後，才有可能有所創新。

第五章　掌控未來，知識與技能是最強武器

　　人才和庸才的區別就在於，你是否能把自己所學到的東西轉化為能力。所謂人才，就是做了他們所能做的事，並將自己的優勢充分發揮出來；所謂庸才，不過是做了他們做不好的事，從而將平庸的一面表現了出來。

　　世上不存在絕對無用的人，也不存在徹底的失敗者，有的只是為理想不停打拚的人，他們在人生的道路上不斷地完善自己，讓自己擁有更多、更為強大的能力，在人生的道路上，更加具有競爭力，而不僅僅是依靠一些外在的東西。

　　我們要注意鍛練自己的內在能力，只有屬於自己的東西，才不會被別人搶走，才不會有失去的一天。如果你過於依賴別人的幫助，那麼當這種幫助消失的時候，或是你在生活中和工作中並沒有創造出應有的價值，你如何讓別人去信服你呢？

　　與其花心思去尋找所謂的近路，不如腳踏實地學一門能夠幫到你的技術，就像歐巴馬那樣，他沒有強大的金錢作為後盾，也沒有好的出身，就是從政經驗也比對手少很多，可是他就是能打敗對手。當對手過於依賴這些外在的力量時，歐巴馬卻讓自己內在的力量爆發出來，外在的只能模仿，只有內在的力量才會讓他人感覺到你的能力。

　　只有主動學習才能保證自己在職場中百戰百勝，才能保證事業持久發展。對於每一個人來說，透過不斷學習提升自己的技能是自己的分內責任。以學習的態度面對工作與生活是讓自己快速升值的一大途徑。

　　當然，奮鬥之人的學習有別於學校裡學生的學習，因為缺少充裕的時間，積極主動地學習尤為重要。只有把提升自己的技能和業務水準看

> 提升技能，讓自己擁有競爭的資本

成是自己的分內之事，才能獲得充分的發展機會。不管你從事的是哪種職業，沒有知識是愚蠢和可怕的，不繼續加強知識和技能的深化更是可悲的。這意味著你將喪失繼續前進的動力，意味著你將很難理性的分析和理解周圍不斷發展的事物。

如今社會快速發展，競爭日趨激烈，資訊瞬息萬變，盛衰可能只是一夜之間的事情。在激烈的競爭中，只有不斷地提升自我的人，才能具有高能力、高水準，才能不斷獲得生存的「藍天」。

第五章　掌控未來，知識與技能是最強武器

第六章

信守承諾，行動證明決心

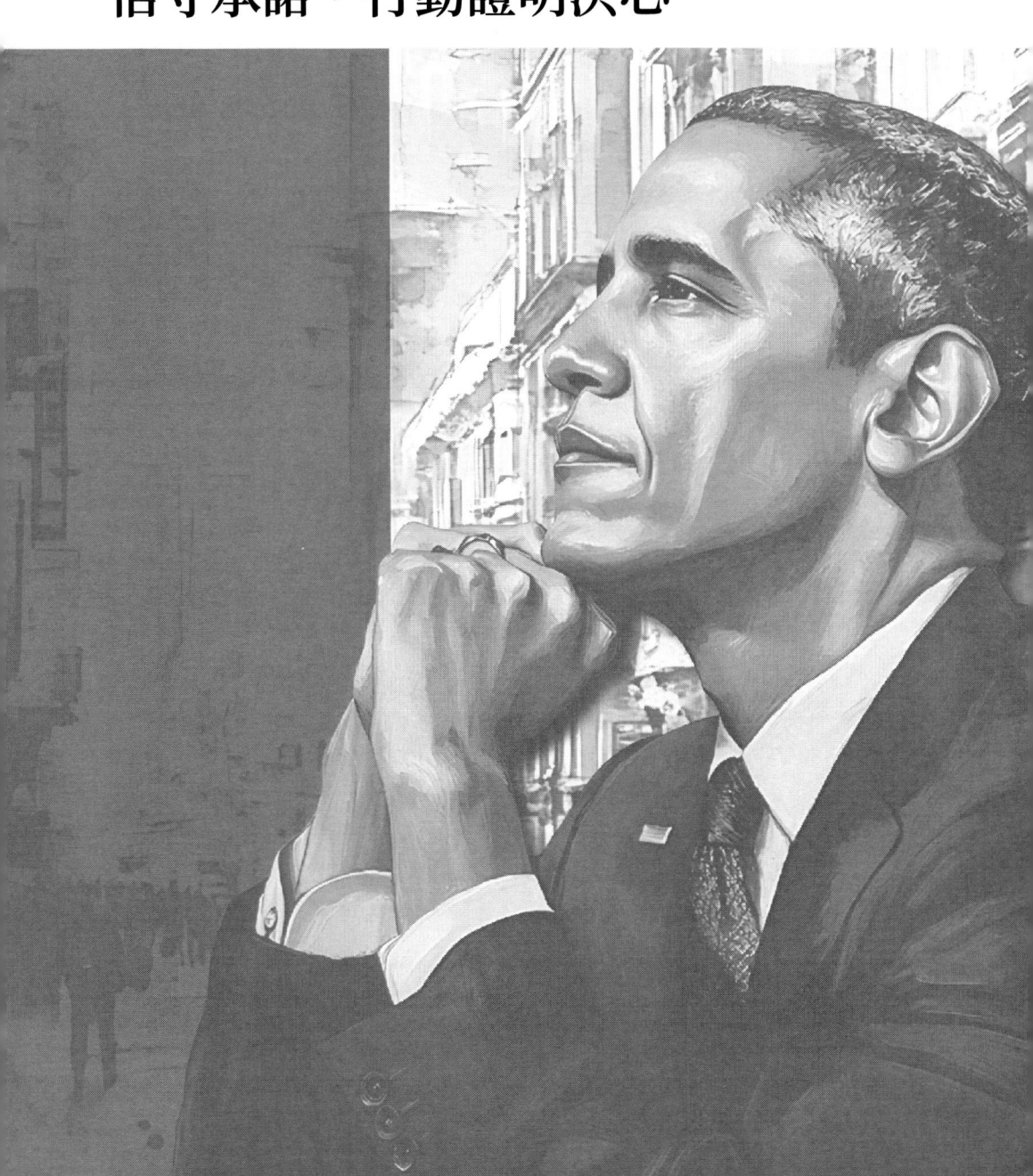

第六章　信守承諾，行動證明決心

用誠信來贏取他人的尊重

> 當你給了別人一個承諾，那麼無論如何你都要去實現它，哪怕要實現那種承諾非常困難，你也要不遺餘力地去完成，因為只有誠信的人才配獲得成功，也只有誠信的人才能夠得到別人的尊重。

所謂言出有信，行必有果，這些看起來非常簡單，可是做起來卻十分困難。因為在實現諾言的過程中，會有意想不到的阻力壓來。很多人在兌現諾言的過程中，因為種種問題，並沒有完全實踐自己的諾言，最終嘗到了失信的苦果。所以，對於一個守信者，人們會給他足夠的尊敬。

誠信這個詞有點抽象，你並不能為它找一個具體的形容詞，但是你可以把它拆開來看，即誠實與信任，這是一種信任關係的建立。人與人之間的信任完全源於彼此的誠實，如果你做不到誠實，用虛假的手段，或是依靠謊言來建立友誼，相信最終只會得到他人的輕視。這樣的人，在生活中往往會缺少朋友，所有的人都會對他產生防範之心。

在人際交往中，誠信就像婚姻中的愛情一樣：它把人們連在一起，使人的行為幹練有效。誠信增加了安全感，減少了壓抑和提防，讓人們自由地分享情感和夢想。同時，誠信還表達了一種信心，這種信心使人

> 用誠信來贏取他人的尊重

們更容易堅信其他人的能力,堅信一旦需要幫助,他們就會出現。誠信意味著堅守諾言,還意味著在未踐約時相信它是事出有因。

人際交往中的矛盾是不可避免的,但誠信卻可以將矛盾帶來的交際風險降為最小,甚至為零。矛盾的雙方以誠相待,相互信任,消除誤解,雙方都會在自我反思的過程中寬容對方,並在往後的交往中以行動展現自己的真心,從而增進彼此的友誼。

歐巴馬在選舉的過程中一點點兌現自己的諾言。作為一名黑人,他非常關心美國的種族問題,為此他特地去了一趟南非,他關心美國底層人民的生活方式,因為他去過美國的貧民窟。可以說,歐巴馬的每一個承諾都是建立在自己能實現的信用之上的,而不僅僅只是建立在想像之上。他這是在告訴美國人民,他可以兌現自己的諾言。

不僅總統有背信棄義的時候,在美國歷史上還有過選舉人背信棄義的先例,他們都替總統競爭者帶來了極大的困擾,是一種無情的譴責和無奈。美國憲法和聯邦法律並沒有要求選舉人一定按照各州大多數選民的意願投票。在整個20世紀中,曾經出現了七位這樣的選舉人。最近的一次是西維吉尼亞的一位民主黨選舉人把票投給了共和黨的總統候選人,或許這些「背信棄義的選舉人」只是想藉這種「叛變」表明自己的政治姿態,引起人們的注意。現在,許多州都明確規定,選舉人一定要投本州贏得普選的候選人的票。如果馬里蘭州投票選舉歐巴馬為總統,那麼,馬里蘭州的選舉人就必須投票支持歐巴馬。

歐巴馬雖然沒有遇到這樣的情況,但是他要堅持自己的原則,他的目標是為每一個美國公民帶來幸福的生活,讓美國人能夠生活得更好,

第六章　信守承諾，行動證明決心

能更好地行使自己的權利，而不僅僅是建立在口頭之上。

歐巴馬反對伊拉克戰爭，因為他看到這場戰爭對美國產生了一些負面的影響，但是這並不影響他的總統選舉，當他成功當選之後，他將美國士兵從伊拉克撤離，結束了長達七年多的伊拉克戰爭，讓那些離開家鄉的戰士回到美國。這是信譽的展現，是對自己所說的話負責任。

信守諾言是人際交往中最為重要的因素，它對贏得人心、建立相互信任至關重要，如果一個人沒有良好的信譽，就只能做一個站不起來、站不直的人，成功和他的距離，可謂遙不可及。不僅如此，失信的後果也會很快顯現出來，失信總會受到應有的懲罰。信守諾言是透過誠信的行為形成的，像其他美德一樣，每一個人的誠信也是需要不斷培養的，只有不斷地實踐它，才能使誠信成為你性格中自然而然的一種特質。

人際關係是人的社會屬性的集中展現，誠信在人際交往中的關鍵地位正是由人的社會性本質所決定的。美國著名心理學家馬斯洛（Abraham Maslow）認為：人是群居動物，因此人有歸屬感，渴望成為團體的一員；人又是有感情、有理性的高等動物，希望和同事們保持友誼，希望得到信任和友愛。一般來說，人際溝通是透過交往雙方對自己行為的定義和理解他人行為意義的互動作用，每個人在互動過程中都會不斷地修正自己的觀點以適應需求。只有人們的解釋符合當時的情境，雙方的交往才能順利進行。

如果一個人沒有信譽，那麼他將很難在社會上生存下去，更別談去實現自己的理想了。每一個成功的人都非常守信，對於自己說出來的話，一定會遵守，而且會想盡辦法做到，不會找任何的理由去推託，年輕人更應該如此，如果是自己做不到的，那就不要去說，不要去承諾，

用誠信來贏取他人的尊重

一旦承諾了，就必須做到，哪怕為之付出再多的汗水也是值得的。

很多年輕人喜歡說大話，說一些自己做不到的事，或是講一些道聽塗說的事，這些都是不誠信的表現，所以，年輕人要培養自己的誠信，注意這些很有必要。我們要說真話，不管所說的內容是什麼，都不歪曲事實，不胡亂捏造；不能因為擔心自己的利益會受損失而說謊，更不能為了占別人的便宜而講假話。

當一個人建立起自己的誠信關係，就會在周圍的人之中樹立威信，建立良好的口碑，所以，無論他去做什麼，都會得到廣泛的支持，那麼成功也就離他不會太遠了。

第六章　信守承諾，行動證明決心

只說自己能做到的，一諾千金

> 如果自己不能做到的，請不要誇下海口，去辜負別人的信任，那樣只會讓別人更加厭惡你，只會讓你們的感情陷入僵局，久而久之，在彼此之間就會形成一堵無形的牆，把你們阻隔開來。一旦你承諾了，就應該為這個承諾負責，做到一諾千金，只有如此，才能真正贏得別人的尊重。

每個人的能力都是有限的，不可能什麼事都做得到，如果是你做不到的事，千萬不要在別人面前誇下海口，那樣只會讓你陷入進退兩難的境地。而且，並不是說你做到了，就是一種驕傲，也不是說你做不到，就是一種懦夫的表現。一個勇於正視自己能力的人，才是一個真正的勇者。一味地為了比拚而去誇誇其談，只會讓你的心靈變得更加浮躁，離成功越來越遠。

歐巴馬之所以能獲得成功，是因為他把美國真實的現狀告訴了所有的選民，他透過自己對美國的觀察和了解，清楚地了解到了美國所處的位置，讓每一個美國人看清楚了自己的國家，讓每一個美國人燃起美國夢的共同理想，所以他能突破種族的限制，成為美國歷史上的首位黑人總統。

但是，這些在他的競選對手馬侃、希拉蕊等人面前變質了，他們大

> 只說自己能做到的，一諾千金

肆宣揚他們的政策會使美國多麼美好，宣揚一種屬於美國上流人士所渴望的東西。可是美國的上流人士畢竟只是少數，更多的美國人仍然過著相對貧困的生活，所以歐巴馬沒像他們那樣，用某些不切實際的想法蠱惑一般民眾，他不想用實現不了的政策方針去獲取一時的勝利，而輸掉整個未來。

歐巴馬的觀點非常清晰，他是要讓民眾知道他們能做什麼，而且只承諾自己能做到的事。他講過一個故事，那是他在社區工作時經歷的，也是他在社區工作所看到的真實的美國現狀。有一位父親剛失去工作，他老淚縱橫地跟歐巴馬說，他正煩惱怎樣才能付得起他那沒有醫療保險的兒子每個月 4,500 美元的救命的醫藥費；還有一位高中畢業的年輕女孩，她有不錯的成績，想念大學深造，卻因為沒有錢支付學費而念不了。

當歐巴馬說到這些的時候，對每一個美國人來說，就如同說的是自己，就如同是在述說自己的遭遇，就如同把他們最需要的、最迫切的、最渴望的東西展現出來，而這些全從歐巴馬的嘴裡說出來，說到激動之處，歐巴馬疾呼：「我們是不是應該幫幫他們？」

當然，歐巴馬是清醒的，他遇到的民眾也是清醒的，無論是平民百姓還是有身分的人，都沒有奢望政府解決他們的所有問題。他們深知，只有自己努力和勤奮才能有所作為，他們願意為此付出努力。歐巴馬清楚地知道美國當下的局勢，他能深切地感受到每個人面對的困境與窘迫，他更清楚自己的能力和目標，所以他的承諾也關乎每個人的切身利益，並沒有像他的競爭者那樣去信口開河，他只有實在的方法與措施。他在演講中進一步解釋了他口中所說的承諾，他所說的承諾就是讓每個

第六章　信守承諾，行動證明決心

人都可以按照自己的意願生活，彼此尊重。

歐巴馬對臺下的官員說，如果他們有機會去芝加哥附近的工人們之間走走，就會得知這些人的一個願望：他們不希望自己的稅款被福利機構或五角大廈白白地浪費掉。他們深知政府不可能包辦一切，不可能解決所有問題，雖然如此，這些人更深刻地感到，只要政府稍微調整一下政策取向，美國的每一個孩子就都會有一個更美好的人生，幸福離他們就不會遙遠。

正如歐巴馬在演講中所說：「政府不能解決所有的問題，但是會去做一般人無法完成的事：保護每個人免受傷害，為每個孩子提供正規的教育，使街道的水源保持乾淨，使孩子的玩具安全無害，投資新的學校，修建新的道路，以及鑽研新的科學領域和技術。政府是為人們工作的，而不是與民眾作對的。」

對他人的許諾一定要兌現。俗話說「人無信不立」，一個人答應了別人什麼事情，就一定要辦到。如果只是為了迎合別人的意思或是為了討好某人，或在特殊情況下又礙於情面才不得已答應別人做事，但最終卻沒有做到或壓根就沒有幫人的意思，那麼別人就會對你產生強烈的反感。「空頭支票」不僅會替他人增添無謂的麻煩，也會使自己的名譽受到損害。

所以，我們只承諾自己能做的事，對於自己做不到的，就不要去承諾，每一個成功的人都非常重視承諾，世界上的事有很多是出乎我們想像的，沒有人敢保證自己能把所有的事都做好，也沒有人敢保證自己就是世界上獨一無二的全才。如果把話說得太過，把諾言定得太高，最終你只會從你所飛翔的地方摔落下來，甚至落得粉身碎骨的下場。

> 只說自己能做到的，一諾千金

　　只說自己能做的，是一種對自我能力的正視，是一種豁達，更是一種坦誠，是一種他人所不具備的良好心態。只有正視自己的人，才能清楚地知道自己的能力，知道自己能做到什麼，做不到什麼。如果一味地誇耀，那最終只會什麼也做不成。

　　任何想成功的人必須具有這種端正的辦事態度。承諾自己辦不到的事，雖然會逞一時之快，但終究會害到自己，想要博得他人的好感和支持更是不可能的事情。年輕人也許會因為年少氣盛，而做出一些不能實現的承諾，這是不可取的做法。所以，為了自己的將來，為了夢想中的成功，也為了別人都認可自己，做一個誠實的人，前進的路上才會少一些坎坷，多一些平坦。

第六章　信守承諾，行動證明決心

遵守自己的諾言，養成良好的習慣

> 很多諾言聽起來很美，可是它最終卻得不到兌現，就像是飄渺的雲彩，空有美麗的身影。生活中很多人無法兌現自己的諾言，最終失去了他人的信任。事實上，遵守諾言是人最美麗的外套，是心靈深處最聖潔的花朵。

有人覺得承諾是風，為浮躁的心帶來涼爽的氣息；有人覺得承諾是雨，滋潤大地上的萬物；也有人覺得承諾更像是雪蓮，只會怒放在山頂，讓世人仰視它的容顏。然而要兌現承諾，你就必須要忍受生活中的種種考驗，付出應有的代價。

在美國總統選舉上，有不少的候選人做出了違背承諾的事，他們之前所說的東西，到最後沒有得到實現，這樣的做法會讓他們的選舉受到很大的打擊。歐巴馬雖然在選舉過程中一路順暢，但是他也做過一次違背諾言的事，這件事替他的選舉帶來了不小的影響，甚至讓他之前所做的努力都白費了。

為了提升候選人的政治純潔、杜絕特殊利益集團對候選人的「綁架」，亞利桑那州的共和黨參議員約翰・馬侃與威斯康辛州的民主黨參議員拉斯・芬格爾德（Russ Feingold）提出《兩黨選舉改革法案》，禁止毫無限制地捐款給全國性政黨，由政府管制選舉中的募款和資金流動。

> 遵守自己的諾言，養成良好的習慣

　　馬侃在密蘇里州宣布，他在大選中會接受聯邦公共選舉基金。馬侃這一承諾話音剛落，歐巴馬就立即公開宣告，他將選擇自籌選舉資金，放棄聯邦公共選舉基金。可是就是在前一年，歐巴馬曾經承諾過，只要共和黨候選人利用公共選舉基金，他就會利用公共選舉基金。

　　歐巴馬在一件事上做出了兩個完全矛盾的承諾，這讓人覺得他有點自食其言，甚至讓人覺得他虛假。如果說，歐巴馬一開始就宣布放棄聯邦公共選舉基金，那麼他就應該去兌現自己的諾言，可是他卻違背了自己的諾言，與之前所做的承諾完全相反，讓自己處於騎虎難下的尷尬境地。

　　最終，歐巴馬成為《聯邦選舉資金法》通過後，第一位不接受公共基金而參加選舉的主要政黨的總統候選人。到4月底，歐巴馬已經募得2.65億美元，其中1億美元可以用於大選。馬侃到5月底，總共才募得了1.15億美元。歐巴馬此舉證明了其選舉中心對其募款能力有足夠的信心，也可使他擺脫選舉經費設定上限的制約，在金錢攻勢上先聲奪人。

　　2008年的選舉，歐巴馬透過網路小額捐款聚沙成塔，獲得鉅額資金，依賴大額捐款的共和黨反而被束縛得寸步難行，甚至連共和黨員都承認，歐巴馬此舉使共和黨處於非常不利的地位。歐巴馬所做的這一切在他的同伴看來，無疑有失妥當，更何況他是精明的選舉人，他們手中的票只投給他們所信賴的人，而歐巴馬卻做出了不利於自己信譽的舉動。

　　為了顯示他的經費優勢，當天歐巴馬就播放了他的第一個全國性電視廣告。這個時長60秒的廣告將在「搖擺州」如密蘇里州、佛羅里達州、賓夕法尼亞州、阿拉斯加州、蒙大拿州和北卡羅來納州播放，而這

第六章　信守承諾，行動證明決心

些州恰好是馬侃正在極力爭取的目標。

很多美國政壇評論家說，歐巴馬自食其言不僅會讓人們懷疑他對信念的執著和理念的堅定，也會在一定程度上惡化美國大選的拜金現象。當馬侃在愛荷華州批評歐巴馬出爾反爾時，歐巴馬回應說，他這樣做是為了阻止馬侃和共和黨利用華盛頓的說客和政治行動組織來出錢「曲線」聲援他的選舉。

歐巴馬對此所做出的回應，比起他自食其言的做法來說，顯然不值一提。事實上，他的這種回應並不能讓選舉人接受，隨後，歐巴馬自食其言的後果就顯示出來了。有人花巨資製作了一個廣告，用來反對歐巴馬，並告訴選舉人，歐巴馬曾經與恐怖分子有過一些不為人知的關係。這讓歐巴馬的競爭帶來了困擾，讓他處於極其不利的局面。

儘管如此，歐巴馬並沒有為民主黨自己的組織破例。他以改革傳統的分裂政治為自己進軍白宮的號角，因此不能在選舉中邯鄲學步，跟在馬侃的後面亦步亦趨。在獲得民主黨提名選票之後，歐巴馬嚴格規範民主黨全國委員會的募款制度，停止接受遊說集團和政治行動委員會的捐款。有一些人認為，現實情況已經表明，來自政府的公共基金並不足以維持一個現代的總統選舉。因此，歐巴馬的做法無可非議。不過，歐巴馬的一些對手甚至盟友都批評他出爾反爾，因為他在承諾使用公共基金時應該已經知道了現實情況。

雖然最終歐巴馬獲得了總統選舉的勝利，但是他這次出爾反爾著實就是一顆炸彈，會在他的選舉生涯中隨時爆炸，成為對手打擊他的有力武器。好在歐巴馬所走的路非常平坦，他用自己的雙手堆起一座屬於自己的高山，即使有些事做得並不太好，但不影響這座高山的增長。作為

> 遵守自己的諾言，養成良好的習慣

年輕人，我們要切記：遵守自己的諾言，讓心靈之花隨時盛開。

承諾很美，很容易讓人陶醉，因為它是甜言蜜語的藝術品。美得讓人沾沾自喜，覺得擁有了全世界，卻不懂得如何自拔。守住一句承諾，也許要用一輩子的時間，而有些人花了一輩子卻守不住一句承諾，因為守住承諾就像守住孤室裡的一盞枯燈，燈芯雖然還在燃燒，而油卻快枯了。室外總是有狂風呼嘯而過。看著自己拚命地去守護的那盞枯燈所燃燒的火，那點渺茫的希望，自己清楚知道它將會熄滅。

違背承諾的人，是可惡的。不能遵守承諾，只會讓別人和自己傷心。既然不能守住自己的承諾，又為什麼如此慷慨地給出這個承諾呢？所以，我們要養成不輕易承諾的好習慣，如果是自己承諾的就一定做到，否則就不要給他人承諾。

第六章　信守承諾，行動證明決心

給聽眾有價值的資訊，這是一種信譽

　　信譽對人來說就像是一面鏡子，我們可以從中看到一個真實的你。如果一個人失去了信譽，就意味著他失去了別人的信任，失去了一個朋友或是成功的機會。因為，這不僅是一種誠信，更是一種責任，是成功必不可少的條件。

　　信譽對每一個人來說都很重要，如果你失去了信譽，那麼你就會舉步維艱，因為無論你做什麼事，別人都不會放心，尤其是那些重要的事，別人不會放心把自己的未來押在你身上，所以一個人要有信譽。而讓別人覺得你有信譽，你就必須為對方傳遞有價值的資訊，傳遞真實的資訊，而不是弄虛作假，久而久之別人就會對你擁有良好的印象，從而提供你更好的發展機會。

　　信譽對很多成功的人來說，是一種非常寶貴的財富，良好的信譽能夠使人得到意想不到的收穫。信譽雖然看不見，摸不到，但它是商品交換過程中的一種信任關係，並時刻地影響著人的行為。

　　在歐巴馬正式被民主黨提名為總統候選人的那一天，他做出了重要的演講，他說：「下週，在明尼蘇達州，帶給你們兩屆布希政府的那個黨，是否會繼續謀求連續第三屆共和黨政府不得而知。但是，作為候選人的我們來到這裡，是因為出於對這個國家的愛，我們絕對不會再容許下一個四年還是像這個八年一樣。在新的總統選舉日，我們必須站起來

> 給聽眾有價值的資訊，這是一種信譽

大聲說：八年已經夠了！」

　　歐巴馬將與共和黨的馬侃競選新一屆美國總統，對歐巴馬來說，馬侃是一個很有分量的對手。但是一開始歐巴馬就在演講中清晰無誤地分析了馬侃政策的缺點與不足，並且將自己的政見與當時美國時局和自己的信心呈現給民眾，一舉糾正馬侃團隊對人們的誤導，歐巴馬這個舉動贏得了大家的認同。

　　在歐巴馬看來，馬侃有些華而不實，他只會不斷地鼓吹自己的功勞，告訴人們他在哪些方面與其他共和黨有所區別，他並不是人們印象中的傳統、守舊的共和黨，在他身上有著與眾不同的新鮮氣息，然而事實並不是如此。

　　比起馬侃，歐巴馬顯得更有信心，更適合當選總統。因為歐巴馬要做的是把正確的有用的資訊告訴他的聽眾，而不是為了謀求別人的支持一味地迎合對方。歐巴馬覺得這樣的做法簡直就是一種變相的欺騙行為。如果以這樣的方式當選總統，那麼美國又如何來談未來呢？他要告訴他的聽眾，他將會去做些什麼，該怎麼去做。他會有一整套的治國方案，並且立足於美國當前所處的位置，而不是空想。

　　所以，歐巴馬一再地強調自己不會將美國寄託在馬侃身上，因為歐巴馬從馬侃所提出的一些政策中，完全看不到希望，他從來都沒有做過獨立且正確的判斷。對於馬侃所說的美國經濟在現任總統的治理下有了很大進步這一言論，歐巴馬感到絕望，當下的情景馬侃並沒有完全看透，而是處於一種臆想階段，因為事實是，如今的美國經濟在不斷的衰退，而且有越來越多的人感到生活窘迫，美國人的怨言越來越多，但是

第六章　信守承諾，行動證明決心

馬侃看不到這一點，他只會藉此把它稱為「牢騷」，並將美國看作「牢騷之國」。

對此，歐巴馬憤怒不已，如果讓這樣的人當選為美國總統，那麼希望何在？美國人民的未來何在？於是他質問道：密西根州汽車工人被告知工廠就要關門了，但是他們仍然堅持每天上班，照常工作著，那是因為他們知道還有人對這些制動器有著需求。難道他們身上也有「牢騷之國」的影子嗎？還有那些軍人家庭，他們看著自己的愛人一次次離家去履行義務，只能默默承受著，無論多少苦楚也只有自己承擔，莫非他們身上也有「牢騷之國」的影子嗎？

歐巴馬強烈地表達著自己的憤怒，他對著臺下數以萬計的聽眾說：「他們不是牢騷大王，他們努力地工作，回報社會，堅持著為美國創造價值，他們並沒有抱怨，他們表達的是美國當下的現狀，只有他們才是最有希望的美國人。」

當然，歐巴馬並不懷疑馬侃忠誠的美國心，只是歐巴馬覺得馬侃不了解美國人的真實生活狀態。在過去的二十年中，他一直受著共和黨備受爭議的陳腐哲學的侵蝕，他們的核心團體是富人階層，在更大的程度上代表著富人的利益，他們以富人為中心，想讓大多數的財富湧向富有的人，所以他們有著這樣的看法理所當然。但是，這樣對那些失業或者生活貧困的人來說，就是不公平的，是有失美國精神的，因為無論他們遭受怎樣的打擊，都得自己去承受，要靠自己的雙手去打拚，去奮鬥，去創造自己的未來。

而民主黨卻有著截然相反的看法：「我們民主黨對什麼才是國家的進

> 給聽眾有價值的資訊，這是一種信譽

步有著不同的標準。我們衡量進步是看多少人能找到工作以償付貸款，你們能否每月有節餘，這樣終有一天能看到你們的小孩接受畢業證書。當約翰‧馬侃說我們可以在阿富汗應付了事時，我堅持說需要派更多的軍隊、更多的資源來結束對那些直接參與『911』的恐怖分子的鬥爭，並講明一旦看到賓拉登（Osama Bin Laden）和他的部屬，一定要將他們除掉。我們是羅斯福的黨，我們是甘迺迪的黨，所以，別說民主黨不能保衛這個國家，別說民主黨不能保證我們的安全。」

歐巴馬用自己敏銳的觀察力，將最完備、最正確、最有價值的資訊傳遞給臺下的聽眾，而不僅僅只是表達自己對對手的反對。他正是透過這種方法，感動了每一個美國人，他以誠信為本的表達方式，扭轉了自己的不利局勢，並很快使對手陷入了困境。

無論在何時，無論在何地，歐巴馬要做的是讓美國人民能更清楚地了解自己的國家，不要只看到虛假的表面，而應該看到美國當下局勢最深的一層，只有那樣才能正確地掌握美國的方向，也只有那樣才能為美國提供有價值的治國方略，也只有那樣才能引導美國走向美好的明天。一個人要想成功，就要像歐巴馬一樣成功地推銷自己，這種推銷對年輕人來說尤其重要，需要我們在紛繁複雜的資訊中仔細甄選鑑定，把最正確可靠的觀點、看法傳達出去，給你的支持者最有價值的資訊，這不僅是一種誠信，更是一種責任，他們會從中感受到你的能力和觀察力，從而加深對你的印象，為你的發展提供前進的動力和支持，為你提供合適的平臺，助你踏上成功之路。

信譽是維繫你與他人關係的紐帶，一個人失去信譽之後，等待他的

第六章　信守承諾，行動證明決心

就只有失敗。信譽需要長期努力才能樹立，它能在關鍵時刻替你帶來意想不到的驚喜，所以每一個成功的人都很注意培養自己的信譽，讓他人了解自己是一個言出必行的人，當他遇到困難的時候，就會得到他人的幫助。作為年輕人，我們尤其應該如此，只有信譽才能讓我們獲得比別人更多的機會，這樣成功的機率也就越大。

用真誠的心對待身邊的每一個人

一個人只有真誠，才值得別人信賴，值得別人把重要的事交託給你。如果你失去了一顆真誠的心，那麼又如何讓別人完全信任你呢？真誠是待人處世的態度，是把自己最善良的一面展現給他人，同時也是獲得他人幫助，走向成功的因素之一。

在我們的生活中，有很多這樣的事，一個人因為他的不真誠，最終付出了應有的代價。他不僅得不到朋友的幫助，而且他的朋友也會慢慢地離他而去。因為他的不真誠，得不到別人的信任。這樣的人，在我們看來是非常可悲的，他不僅不可能成功，更不可能在人生的道路上創造出奇蹟。

所謂真誠，就是在為人處事中努力使自己做到真、義、誠。真，就是要真心相待，真情表露；義，就是要光明正大且律己寬人；誠，就是要誠懇相待。

對歐巴馬來說，一顆真誠的心尤為重要，因為歐巴馬是黑人，與白人不同，他如果不足夠真誠，那麼他將得不到白人的支持，更別談競選總統職位了。可以說，真誠是歐巴馬向美國人展現自己的唯一途徑，事實正是如此，歐巴馬用一顆真誠的心對待身邊的每一個人，無論他做什麼事，在什麼地方，總是給人一種親切、值得信任的感覺。

這種真誠，歐巴馬在社區工作的時候就已經表現出來了，那時歐巴馬透過觀察黑人社區一段時間後，他發現：父母們最擔心的事情是孩子

第六章　信守承諾，行動證明決心

的安全問題。透過嚴密調查，歐巴馬認為，如果能請到這個社區的警長來討論有關社區安全的話題，會有很多居民願意參加，這樣一來就能夠有效促進社區的交流。

於是，歐巴馬馬上聯絡了相關人員，並打算舉行一場討論會，可是由於該地區宗教領袖的反對，歐巴馬的計畫幾乎全部亂套，並沒有得到有效的執行，所以活動最後的結果也很差強人意。經過這件事情之後，歐巴馬獲得了不小的收穫，他第一次了解到黑人社區工作的複雜性和困難程度。他從中學習到，這項工作並不是僅憑一腔熱情就能做好的，而是需要精細籌劃，還需要小心運作才行。

以前他只是聽說黑人教堂在黑人社區中有「心臟」的地位，這一次讓他親身感受到了黑人社區中宗教領袖的巨大號召力。事實上，任何黑人社區活動，如果沒有得到黑人教堂的支持，那麼，就不大可能取得什麼實質性的效果。

同時，他從中找到了自己的定位。對歐巴馬來說，他所能做的，是找到那些可以迅速起效，並且成本可控的「施力點」，以此來領導、並推動事情的完成，而不是像之前那樣「單打獨鬥」，所以，這時要將政府的力量放在「主力」位置，怎麼跟政府進行有效的協調，成了歐巴馬思考的重點。

在歐巴馬看來，他除了向政府表現出他的真誠外，還需要讓社區裡的黑人感覺到自己的真誠，讓他們覺得自己是來幫助他們的，而不是來壓榨他們的。而要讓他們感受到真誠，歐巴馬必須做出一點什麼來，讓他們從中得到益處才行。於是歐巴馬開始了針對該社區失業率的控制，為了讓更多的人擺脫就業困難的困境，歐巴馬藉助政府提供的再就業培

用真誠的心對待身邊的每一個人

訓,並以此為切入點,說服就業與再就業輔導處在阿特格開設培訓點,為了讓這項申請得到成功,歐巴馬聯合黑人教堂組織了一場百人居民大會,並邀請政府官員參加,在大會上,群眾反應熱烈,最終取得了不錯的效果。對於歐巴馬來說,這是一次巨大的成功!

歐巴馬正是憑著一顆真誠的心,成功做好了黑人社區的工作。透過這件事也讓歐巴馬學習到,只要保持一顆真誠的心,做什麼事都會得到相應的支持。在以後的政治生涯中,歐巴馬正是藉助真誠,才得到了美國人民的接納和支持。這裡不論是黑人,還是白人,不論是生活在底層的人,還是生活在上流社會的人,他們都感覺到了歐巴馬的一顆真誠無比的赤子之心。

如果沒有一顆真誠的心,是很難獲得成功的。只有保持真誠善良的心,才能得到別人的信任,才能得到別人無私的幫助。

要做一個真心實意的人,不要自欺。喜歡詐術的人,雖然能一時欺瞞別人,也能獲得一些利益。但是,久而久之,就會失去別人對自己的信賴,最終不但獲利不多,反而損失更大。所以真心待人,人必真心以報之;詐欺待人,人必以詐欺治其身。這是人際關係中的一條準則。真誠是一個人為人處世的必備品德,同時也是一個人成功的資本。一個人只有真誠,生活才會給予他回報。

社會上不乏虛偽之人,他們把社交的技巧看成是矇騙對方並牟取私利的一種手段。歷史上那些替正直的君王戴高帽的奸臣,正是因為偽裝成一副正人君子的樣子,其見不得人的勾當才有了得逞的機會。但是,虛偽、偽裝的東西是絕對禁不起時間檢驗,遲早會被人識破。由於經濟與社會地位的高低不同,有些人以追求名利為唯一目的,當達到這一目

第六章　信守承諾，行動證明決心

的的方式在社會交際中表現出來時，就成了虛假，它對被矇騙的一方會造成較大的損害。但是，一個以財與勢作為社交本錢的人，絕不會獲得別人的真誠，也絕不可能獲得最終的成功。年輕人更應該以此為戒。

許多事實證明，成功往往與真誠結伴而行。真誠是一個人最基本的人格要素，也是做人最基本的道德要求。真誠是成功的基石，也是一個人走向成功的目標。所以，我們不能丟失掉一顆真誠的心，讓自己的心變得更加透明，不像汙水那樣渾濁，讓每一個和你打交道的人，都感受到你的善良和責任感，只有如此，他們才會覺得你是值得信賴、值得交往的朋友。

第七章
承擔責任,讓生命更有厚度

第七章　承擔責任，讓生命更有厚度

勇於承擔自己的責任

> 每個人要有為自己行為負責的能力，如果他無法為自己所說的話，所做的事做出相應的承擔，那麼他就不是一個可以擔當大任的人。人要適時地擔當，尤其是21世紀的年輕人，更應該具有擔當精神，唯有如此才會讓自己的腳步走得更踏實有力。

人生是一種承擔，需要承擔責任來支撐事業、支撐家庭，甚至是支撐整個社會。沒有責任感的社會是無法想像的，沒有責任感的人也很難獲得成功。承擔是對自己的一種負責，是對發生錯誤的負責。只有承擔責任才能讓生命變得更加耀眼，也只有承擔責任才能讓人生變得更有價值。

責任心是一個人能夠自覺地做好每一件事情並負責到底的決心或信念。一個人責任心的有無或強弱會關係到他事業、人生的成敗。

進入新世紀的美國，無論是經濟能力，還是國際上的影響力都有了大幅度的下降，這不僅是因為時代的發展，視野的變化，更是因為從美國席捲全球的信貸危機讓全球人心驚膽顫，我們有理由相信，在歐巴馬當選總統之前，美國正處於關鍵時期，這個時候，更是需要一個勇於承擔的人來領導美國，讓美國經濟起死回生。

2008年9月15日，雷曼兄弟（Lehman Brothers）被迫申請破產保護，

勇於承擔自己的責任

從而引發股市崩盤。在同一天，歐巴馬的主要競爭對手馬侃在佛羅里達州發表演說，聲稱美國的經濟要素是健康的。在初選和進入最後衝刺之後，馬侃在談到美國一蹶不振的經濟走向時總是以鼓勵和打氣為主，反覆強調美國發生經濟危機的可能性十分小。但是他在雷曼兄弟申請破產保護之後依然「信口雌黃」，為歐巴馬陣營提供了一個絕好的攻擊機會。

歐巴馬果斷地抓住馬侃所謂的「我們的經濟要素依然健康」不放，告訴選民，「如果他都不知道經濟已經崩潰，還怎麼可能去修復？」一時間，歐巴馬對馬侃的批判成了各大媒體的頭條新聞。

對於馬侃對美國當下經濟的視若無睹，歐巴馬給予了嚴厲的回擊，在歐巴馬眼中，一味吹噓美國經濟有多麼美好，美國前景有多麼燦爛是完全不負責的話，也是完全沒有信譽的話。作為總統候選人，我們應該更適宜地看出美國當下所處的境遇，並提出合理的解決方式，而不是一味地逃避和置之不理。

正如歐巴馬所料，9月24日晚上，布希總統在電視黃金時段發表演說，聲稱整個經濟處於險境，如果國會不盡快通過總額7,000億美元的救市計畫，美國將會陷入「長期的、痛苦的蕭條中」。馬侃此時卻突然出乎意料地宣布他將單方面終止競選，返回參議院為布希總統的救市方案獲得最後通過助一臂之力，他還宣布計劃取消原定的首場總統候選人辯論。

前國會眾議院議長金瑞契（Newt Gingrich）說，這是美國歷史上總統候選人最負責任的行動，可以與1952年共和黨總統候選人艾森豪（Dwight D. Eisenhower）宣布去北韓視察的決定媲美。國會參議院少數黨領袖麥康諾（Mitch McConnell）說，馬侃終止競選是說明他更看重華爾街

165

第七章　承擔責任，讓生命更有厚度

的危機可能對美國「小街」產生的影響，是大公無私的表現。

歐巴馬反唇相譏，說美國的總統應該是可以同時應對多種危機的。在此危急時刻，美國人民更需要了解可能在 40 天之後成為美國下任總統的人對目前的國際危機和國內困難有什麼看法，提出了何種解決方案。

歐巴馬在美國經濟困境這一件事上表現出了一個總統應具備的特質，面對當下的困境，他是迎頭而上，透過自己的智慧去找到解決辦法，而不是逃避這個問題。可以說，歐巴馬更有資格當上美國總統，因為在他身上已經表現出了一種屬於總統應有的責任感，這種責任感讓選民覺得歐巴馬更適合總統這個職位，比起馬侃，他更能帶領美國走出當下的困境，迎接新的藍天。

對歐巴馬和民主黨來說，這不過是馬侃又一次的政治伎倆，不僅反映出他決策的武斷、冒險，也顯示出他的競選在美國金融風暴之中有點風雨飄搖，還表明他對辯論的怯場。歐巴馬的發言人宣布，無論馬侃去不去密西西比州參加辯論，歐巴馬都會按時赴約。如果馬侃果真不去，歐巴馬將跟密西西比大學的師生座談。

從 9 月 15 日到 26 日，這 11 天時間基本決定了馬侃競選的最後結果。雖然馬侃比歐巴馬從政時間要長，而且更有資歷，但是馬侃並不適合當美國總統，因為他身上缺少一種責任感，他不能擔當起美國建設的大任，不能將這種責任扛在肩上，而是選擇了逃避，選擇了吹噓，這對美國人來說無疑是一種傷害。相反，歐巴馬處處表現出了他的承擔精神，他要扛起所有美國人的共同夢想，他要為美國當下局勢買單，正是這一種責任心，使得他獲得了更多美國人的支持，使得他一舉擊敗了對手，當選新一屆美國總統。

> 勇於承擔自己的責任

歐巴馬不僅對美國經濟有著敏銳的觀察力，而且對美國的諸多問題都有著自己的看法，並以此提出一些解決方案，他的目的是讓每一個美國人都能享受到平等的權利。

在一次會後採訪中，歐巴馬再次談到要重新把經濟權力和黑人教堂的道義熱情組織動員起來。他還說作為一名議員比當初作為一個團體組織者或者民權律師能更快實現這個想法。

他說：「美國，尤其是美國的非裔團體，最需要的就是建設、重建我們團體的具體議程和相關的道義議程。我們已經在人權運動時期吹響了號角。現在，像南非的納爾遜‧曼德拉一樣，我們必須進入一個建設階段。我們必須補充大規模重建工作中的能源和資源，我們必須建立新的機制來加強和穩定社會建設。我們必須找到把這種熱情注入社區建設中的方法。人權運動最大的失敗在於沒把這種道義熱情轉化到建造持久的機構和組織結構中。」

林肯說：「每一個人都應該有這樣的信心，人所能負的責任，我必能負；人所不能負的責任，我亦能負。如此，你才能提升自己，求得更高的知識而進入更高的境界。」

責任心能展現出一個人的品格，能決定一個人的成就，只有富有責任心的人，才能挑起理想的大梁，也只有富有責任心的人，才能夠揚起理想的風帆，他們在前行的道路上，不再懼怕，不會因為危難而驚慌失措，也不會因為痛苦而怨天尤人，他們會承擔自己應該承擔的責任，並從中找出最好的解決方式。也只有富有責任心的人，才能投入百分之百的熱情，才能接近成功的彼岸。

第七章　承擔責任，讓生命更有厚度

犯錯並不可怕，關鍵在於承擔責任

> 對任何一個人來說，都會有犯錯的時候，但是有的人在錯誤發生後努力地辯解，而有的人則是選擇勇敢地承擔。我們看不起前一種人，敬仰後一種人，這是因為錯誤本身並不可怕，可怕的是我們面對錯誤時的逃避。

在這個世界上有兩種人，一種人總是在努力地辯解，而一種人則完全不同，他們在工作中盡量表現，少去辯解，並勇於為自己所做的事負責。從本質上說，責任是一種與生俱來的使命，責任就是對自己所負使命的忠誠和信守，它能促進人性的昇華。古往今來，只有那些勇於承擔責任的人，才能得到上帝的恩寵。因為錯誤本身並不可怕，可怕的是逃避與推脫。

如果說，當你犯了錯之後，為自己成功推卸責任而沾沾自喜，那麼他人又如何敢把更重大的擔子交給你呢？作為年輕人，應該具備基本的責任心，不僅是對待工作，對待錯誤，更重要的是對待自己的人生。為自己的錯誤負責，才是一種大丈夫的行為。

歐巴馬在競選總統前，跑遍了所有他能去的地方，他與人們閒話家常，偶爾涉及比較嚴肅的政治話題，不管來的人所說的是對布希政府的痛恨，還是對民主黨本身的憤怒，他都會認真地去聽取他們的意見。

> 犯錯並不可怕,關鍵在於承擔責任

　　透過深入基層的廣泛視察,歐巴馬感到在每一個美國人心目中,都有著一種深深根植於內心深處的美國精神,他們擁有共同的理想與信念,而這些精神,並不會因為經濟的變化而變化。而每一屆的美國總統,都無法滿足他們的希望,雖然如此,他們心中仍然對未來充滿了信心。

　　歐巴馬清楚地知道作為一個美國總統,肩上的擔子有多重,他應該為更多的美國人服務,而不僅僅是富人階層。與歐巴馬不同,其他的候選人總是充當著富人的保護傘,他們代表的是富人的利益,這對美國的發展來說是一個極大的錯誤,因為這種理念不利於美國人民的團結,它將分化美國人民的力量。然而這樣的一種錯誤觀念,在美國政壇卻非常普遍。

　　在歐巴馬眼裡,作為全美國人民的領導者,美國總統有義務為他們解決生活上的難題,有義務讓他們生活在和平安定的環境中。但是,這一切對當下的美國來說,何其遙遠。大部分美國人,根本就沒有得到應有的權利。正是因為看清這一點,歐巴馬把重心轉移到美國貧民身上,他將為他們的幸福而努力,為他們的未來而競選總統。

　　歐巴馬挑起這份重任,他要為他的選民負責。正是這樣高度的責任心,使得歐巴馬好好地摸清楚每一任總統在任職期間所做的不利於人民的事,他將以這些錯誤來鞭策自己,做一名合格的總統。事實上,當歐巴馬成功當選為總統之後,正是這麼做的。

　　承擔責任需要有廣闊的胸懷,這並不是每一個人都能夠做到的,在很多時候,承擔責任會讓一個人蒙受委屈,並為之付出相應的代價,所以有些人一想到這些,便產生了畏懼的心理。承擔錯誤需要勇氣,需要

第七章　承擔責任，讓生命更有厚度

膽識和魄力。如果你真的有責任心，就應該接受別人的責備，而且這樣的舉動意義重大，因為人難免犯錯，所以我們應該原諒別人的過失。不要把所有的責任都推到別人身上，那樣只會讓你在他人心目中的形象大打折扣。

其實錯誤並不可怕，歐巴馬正是從自己的錯誤中走出來，找到了一個適合他的夢想，並有利於他競選的方法。可以說，一個人只有正視自己的錯誤，只有勇於為自己的錯誤負責，才會從中找到正確的道路。

人要是想做事就難免犯錯，造成大問題的時候，許多人往往是以隱瞞的手段來應付，這對一個人的發展來說是致命的。波普爾（Karl Popper）說：「錯誤在所難免，寬恕就是神聖。」閃躲不是處理過失的好辦法，而開門見山說出事情的真相，通常是最好的策略。隱藏或是推卸，都是過錯之後再犯的過錯。一味迴避結果反而有可能弄巧成拙。

很多人都說歐巴馬是一個說一不二的人，他決定了的事，從來都不會發生改變。無論在選舉初期還是在最後階段，他的這種果決總是讓人眼前一亮，讓人覺得他信心十足，無所不能。他的這種特質感染了不少人，讓他們不知不覺成了歐巴馬的粉絲。

在整個選舉的過程中，歐巴馬經歷過多次失敗，比如在新罕布夏州，他在形勢大好的情況下敗給希拉蕊，使自己的攀升的勢力大大減弱，甚至一度處於不利局勢。但是這種錯誤並沒有打擊到歐巴馬，反而他表現出更讓人折服的責任感，他不僅坦誠地面對自己的失敗，還表現出了讓人意外的自信。

事實上，在總統選舉的過程中，歐巴馬陣營在大部分時間都落後於

> 犯錯並不可怕，關鍵在於承擔責任

對手，他們也一直都知道接下來的道路會走得非常艱難。但是歐巴馬卻並不這麼認為，他果敢地接受了一個又一個挑戰，並表現得十分好，所以他的支持者用手中的選票創造了歷史。他們為他挺身而出，高聲疾呼期待改變。

在美國，什麼事都有可能發生，那些看似不可能發生的事情都會發生，所以在歐巴馬看來滿懷希望永遠不會有錯，即使犯錯，也要勇敢地面對，所以他能果斷地喊出：「是的，我們可以！是的，我們可以擁有機會與繁榮！是的，我們可以帶領我們的國家走出困境！是的，我們可以拯救這個世界！是的，我們可以！」

俗話說，人非聖賢，孰能無過。聰明人的可貴之處不是他們不犯錯，而是能在犯了錯之後，接受教訓，總結經驗，不犯第二次。我們要培養這種水準，犯過一次錯之後要勇於說：「這是我第一次犯這個錯，也是最後一次。」不讓錯誤再發生，本身就是一種成功。這需要我們善於從錯誤中汲取經驗和教訓，而不能犯錯之後，忽略對錯誤的思考，那樣是不利於成功的。

現在的我們正處於成長的關鍵時期，很多時候意志還不夠堅定，所以當我們犯錯之後，要做到承認錯誤非常之難，但是我們要調整心態，因為錯誤本身在所難免，不能要求一個絕對的完人，只有勇於承擔錯誤，才能更好從錯誤中汲取營養，從而提升自己的能力，並發現屬於自己的正確道路。

第七章　承擔責任，讓生命更有厚度

為自己的行為負責，絕不推卸

> 當一個人降臨到這個世界上的時候，就意味著他要承擔他的使命，這是無法推脫的，除非他不渴望成功。那些在事業上獲得了成功的人，都是勇於承擔的勇士，在他們身上有著一股強烈的責任感，這是那些喜歡推卸責任的人身上所沒有的。

如果說一個人沒有承擔精神，那麼他將很難在理想的道路上取得成功。因為只有勇於承擔的人，才能夠肩負起理想的重擔，也只有富有責任心的人，才能夠面對未來的種種挑戰。因為，責任心能讓他百分百地投入到自己即將從事的工作中，而不會有絲毫懈怠。

我們都應該學會對自己的行為負責。無論事情的結果是好是壞，只要是我們獨立行為的結果，就應該勇於承擔責任，為自己的行為負責。對年輕人來說，不能逃避責任，不能淡漠自己的責任感。

反對伊戰一直是歐巴馬所堅持的，很多人認為這是他的標新立異，為了與馬侃等人有所區別而故意為之。也有人認為這是他的政治手腕，想藉此博取反戰人士以及在伊戰中失去親人的家庭的支持。但從歐巴馬歷次演講和所作所為中不難看出，他的反戰背後還有更深層的意義：為美利堅合眾國負責，為美國人民負責，為每個人孜孜追求的夢想負責。

對於伊拉克戰爭，他說：「我不反對所有的戰爭，如果真有敵人襲

> 為自己的行為負責，絕不推卸

擊，就必須擊敗他們。」出於對這個國家的責任，出於對所有希望迎接美好生活的人們的責任，歐巴馬慷慨陳詞，他說要以負責任的態度和手段結束伊拉克戰爭，然後將注意力放在應對其他地區的嚴峻挑戰上。這樣的美國才有希望，社會才能安定，人民才能安居樂業，擁有夢想的年輕人才會義無反顧地為之奮鬥。

在他競選總統的過程中，提出「變革」的口號。他說要改變美國過去八年的蕭條和傳統，拯救美國岌岌可危的國際形象，發表一些保障平民百姓生活的政策，讓失業的人有工作，讓窮人的日子得到改善。這就是歐巴馬的責任心，他把美國的未來放在肩上，挑起每一個美國人所擁有的夢想。

歐巴馬是成功的，他的成功是因為他真正將自己視為這個國家的領袖，為每個人的生活著想，為總統這個職位負責到底。無數的美國民眾也在這一過程中被歐巴馬身上無與倫比的光芒照耀，他們被這個負責的男人感動得熱淚盈眶，想像著自己的生活會因他而有所好轉。最終美國人民接納了他，並為他投下了一張又一張的選票。

事實上，歐巴馬在年輕的時候，是一個玩世不恭的青年，那時的歐巴馬沒有絲毫的責任感，總是做著破壞行動。他結交女朋友，不到幾個月就分手，而且沒有任何理由，他是街頭混混，做著打手的勾當。但是他最終覺醒了，這不是真正的歐巴馬。

歐巴馬在紐約哥倫比亞大學四年的學習生涯就快要結束時，他似乎已經從原本那個意志消沉的狀態中完全走了出來。他變得更加理性，更有責任感，漸漸地向自己的父親看齊。有一天，他告訴母親自己想去肯亞見見父親，但是命運總是捉弄人，就在歐巴馬滿心憧憬地想和父親第

第七章　承擔責任，讓生命更有厚度

二次相會的時候，噩耗傳來，46歲的父親因車禍受傷而去世。也許是為了紀念自己的父親，歐巴馬決定去社區工作，盡自己的能力幫助黑人社區裡那些朋友重新找回屬於自己的尊嚴。

歐巴馬為自己的社區服務制定了一個計畫，同學們大多認為這個計畫志向高遠但可行性不大，但是一種強烈的使命感驅使著歐巴馬一定要把它付諸實現。有了這樣的基礎，加之自己特殊的雙重背景，兩個種族的人群應該可以慢慢地展開溝通與交流，如果自己不懈地為之努力，白人和黑人是有可能實現相互理解和融合的。

當時的美國黑人社區面臨較大的困難，部分原因是政府在黑人社區存在著「服務真空」。一方面政府沒有改善黑人社區環境的積極性；另一方面這些社區的居民凝聚力還有待提升，無法組織起有效的社區服務。歐巴馬的社區服務計畫瞄準了這一「真空地帶」，希望透過這種「群眾性的、基層的」甚至是「單打獨鬥」的方式來引起政府對黑人社區問題的關注，在一定程度上改善社區環境，促進黑人和白人社區居民之間的交流。

歐巴馬的改變正是源於責任心的覺醒，他無意間培養了自己的責任心，更調整了自己的態度，他要向他的父親看齊，做一個有出息的人。為了體驗美國底層人民的生活，歐巴馬放棄了華爾街的高薪職業，投身到貧民窟中。正是一種責任感，使得他做出如此的選擇。他要為美國人的幸福而努力，為美國人的未來而奮鬥。

這是一種使命感，是從他強烈的責任感裡誕生出的偉大使命，彷彿歐巴馬的誕生就是為了這樣的一份事業。雖然這在常人眼裡無異於異想天開，但是歐巴馬要對自己的未來負責，要對美國人民負責，這在無形

> 為自己的行為負責，絕不推卸

之中堅韌了他的意志，堅定了他的決心。

也許在平時的生活中，我們並沒有歐巴馬這般責任重大，但是勇於負責同樣可以獲得他人的青睞。這是不變的真理。

只要我們勇於負責，勇於承擔責任，就會得到他人的認可和讚賞。無論做什麼事，一味地推卸責任和不敢擔當的人，是絕不可能獲得成功的。因為他們不僅得不到他人的支持，身邊的人也會漸漸離他們而去。

每一個渴望成功的人，都應該對自己的行為及過失負責，不要把責任推卸給別人，只有養成可貴的責任心，才能獨立應付生活的考驗，否則就會淡化我們的責任感，不利於我們的成長。

當我們面對艱鉅的任務時，要拿出勇於擔當的勇氣，只有勇於擔當的人，才能在不可能中找到屬於自己的機會，也只有勇於承擔責任的人才能得到他人的推崇，走出一條屬於自己的路。所以，每一個夢想成功的人，要在自己年輕的時候培養責任感，養成絕不推卸責任的良好習慣，如此，成功就離你不遠了。

第七章　承擔責任，讓生命更有厚度

所處的位置越高，肩上的擔子就越重

> 一個人的位置與他的能力有著直接的關係，而只有具有大抱負，能肩負起天下的人，才能擁有更為強大的力量，尤其是當我們渴望達到一個更高的位置的時候，這個時候的責任會更重，更需要我們具有責任感。

對任何一個渴望成功的人來說，當他達到一定高度之後，他肩上的擔子會跟著越來越重，所需要承擔的東西就越來越多，這與一個人所處的位置有著直接的關係。這同時也反映了一個人的能力，只有能力出眾的人，才能夠承擔更多的責任。

在歐巴馬競選總統那年，美國無論是國際地位，還是國內經濟都處於非常緊張的階段，這時極需要一個能夠挑起這個重擔的人來領導美國，只有能力出眾的人，才能夠當上美國總統，帶領美國走向更好的明天。

這一點，歐巴馬心裡可是非常清楚，他在當選美國《時代》雜誌封面的時候，就有了這種想法。他知道自己即將面臨的困難有多麼嚴重，正如《新聞週刊》所說的：「目前的經濟困難時期，這位總統當選人表現出了打造美好未來的信心，並展現出了讓人信服的、實現這一目標的能力，所以當選年度人物當之無愧。」

> 所處的位置越高，肩上的擔子就越重

　　《時代》雜誌正是看中了歐巴馬的能力，選取了歐巴馬作為封面人物，同時也意味著，歐巴馬要肩負起重建美國的重任，這個擔子對歐巴馬來說，是必須承擔的。他只有承擔起這個重任，才能實現自己心中的夢想。歐巴馬在接受採訪時表示：「儘管可以以絕對的優勢戰勝對手，但是我知道美國人不希望看到一個狂妄的總統。我確信我們身上肩負著改革的使命。」

　　這種變革對歐巴馬來說是非常艱難的，也是美國人民所迫切希望的，他們渴望一個新的總統能幫助他們解決生活中的難題，讓他們可以更好地生活下去，而這些正是歐巴馬需要去嘗試，需要去解決的問題。歐巴馬之所以能獲得美國人民的青睞，正是因為他對美國當下很了解，清楚地知道美國老百姓需要什麼樣的東西，而不是為了競選總統而去競選總統，他要做的是改變美國現狀，讓每一個美國公民都能享受到應有的權利。

　　可以說，打敗對手，當選美國總統對歐巴馬來說只是成功了一小部分，他今後要面臨的困難還有很多，他需要用自己的智慧去解決所有的難題，而不是選擇逃避，他要肩負起重建美國的重任，這正是由他所處的位置決定的。

　　對任何一個人來說，他渴望的職位越高，那麼他需要承擔的責任就越多，這是每一個人都必須了解的。如果你不能負起相應的責任，那你就不應該去競選這個職位，或是去攀爬這樣的高峰，因為你不可能在玩世不恭中贏得別人的認可。

　　在這個世界上，沒有不需承擔責任的工作，每一個人都應該為自己所從事的工作和所處的位置負責，而且你的職位越高、權力越大，你肩

第七章　承擔責任，讓生命更有厚度

負的責任就越重。任何一個成功的人，都不害怕承擔責任，正是因為他們的這種責任心，才使得他們的能力得到了最大的發揮和提升。沒有責任心的人，是很難得到鍛練自己的機會的。

世上最愚蠢的事情莫過於推卸眼前的責任，認為等到以後準備好了、條件成熟了再去承擔，這是一種逃避的想法。在需要你承擔責任的時候，你應該馬上就去承擔，如果你不這麼做，即使等到條件成熟了以後，你也不可能再去承擔什麼，今後更不可能做好任何重要的事情。

在歐巴馬心中，美國前總統甘迺迪和美國黑人人權領袖馬丁·路德·金恩這兩位歷史偉人是他的榜樣，他在伊利諾伊州的房間牆上，曾貼滿了這些歷史偉人的照片，以此來激勵自己，肩負起更多的責任。他曾這樣和他的妻子說：「我們是受上帝眷顧的，我們很幸運，也正因為如此，我們有責任和義務，為那些不如我們那麼幸運和不像我們那麼受寵的人做點事。」

歐巴馬的這番話表明，他知道自己需要去做些什麼，需要去承擔些什麼。正是因為這種想法，才讓他的人格魅力得到了提升。雖然他沒有對手那麼好的條件，但是他顯然比對手更具有責任心，無論是美國第一夫人希拉蕊，還是強勁的馬侃，他們都不能和歐巴馬相比，尤其是馬侃，在美國經濟下滑的時候，還一再宣告美國經濟沒問題，這正是一種不負責任的言論。

他們把美國最好的一面展現給聽眾，卻不肯去面對美國不好的一面，這是對聽眾的一種侮辱，而歐巴馬則相反，在他的演講中，總是會指出當下美國的種種問題，並透過這些問題來展現出自己非凡的能力。在這種情況下，美國人只會覺得他更真誠，更具有責任感，更符合他們

> 所處的位置越高，肩上的擔子就越重

心目中的總統形象。

在歐巴馬看來，美國之所以會變成現在這樣，完全是因為一些領導者只看到好的一面，只看到上流社會的生活，而完全忽略了美國底層人民的生活，他們仍然過著不好的生活，為麵包和生活而奔波，卻得不到同等的待遇。這些都是美國發展的癥結，只有解決這些問題，美國人民才會更加團結，才會變成一股強大的力量。

一個人生活在世上，就必須勇於承擔屬於自己的責任，履行自己的義務，這包括對家庭、對朋友、對事業、對民族、對社會盡到自己該盡的責任，只有這樣，一個人的魅力才會得到提升。我們可以有很多缺點，唯獨不能缺少責任，缺少責任的人最終將會被社會所淘汰，最終將陷入不可自拔的深淵，被世人所遺棄。

美國前總統甘迺迪曾說過：「一個有高尚人格魅力的人不會問社會能給你什麼，而是時常問自己，我能為社會做點什麼。」

這個社會之所以成功的人很少，失敗的人很多，就是因為很多人無法肩負起自己的責任。試問，一個不願去承擔責任的人，又如何談什麼成功？如何談獲得什麼成就呢？一個對自己生活負責任的人，他一定會是個有魅力的人，他的生活是非常充實的，是非常有價值的，是非常值得我們去學習。

一個人的位置與他的能力有著直接的關係，而只有具有大抱負、能肩負起天下的人，才能擁有更為強大的力量。正如歐巴馬那樣，他要肩負起美國重建的重任，為自己的同胞做出一些事情來，才使得他更有動力，更加富有遠見。

第七章　承擔責任，讓生命更有厚度

　　人的行為只有當它出於對社會的責任時，才具有道德價值。所以，我們要養成負責任的習慣，尤其是當我們渴望達到一個更高位置的時候，這個時候的責任會更重，更需要我們具有責任感，如果我們沒有責任感，就別談自己能達到什麼樣的高度，更別談自己將要實現些什麼了。

拿得起放得下，是大丈夫的行為

> 拿得起放得下是大丈夫應有的行為，在生活中，很多人只是拿得起，卻始終放不下，他們太過於在乎最終的結果，使得生活變得並不是很理想。只有真正的大丈夫才能做到拿得起放得下，也只有拿得起放得下的人，才能勇於承擔責任，才值得他人信賴。

人生不可能一帆風順，也不可能風平浪靜，當我們為理想奮鬥的時候，卻因為一些失敗而耿耿於懷，總是糾結在一些不合意的事件中。這樣的人很難實現自己的理想，更別談做一番大事業了。因為這並不是一個大丈夫應有的行為，真正的大丈夫應該拿得起放得下，無論面對什麼樣的事，都能做到心不驕、顏不怒，能平和地對待生活裡的每一件事，那些在他們看起來並不是很美好的事，也會因此露出美好的一面。

歐巴馬雖然有著出色的個人魅力，有著無與倫比的演講口才，但是在他的選舉途中並不是沒有遇到過挑戰，可是每一次他都沉著面對，並不會因為一些事而影響到他的整個布局。正如歐巴馬所說：「我經常會想起以前的一些經歷，想起那些失敗。雖然當時十分慘痛，但我老是對自己說，忘掉它吧。不忘了它，我就無法前行。」

對於歐巴馬的這種行為，一位採訪過歐巴馬多次的記者有一段令人記憶深刻的話，他說：「我追蹤採訪歐巴馬很多年，我常常有機會拍下他

第七章　承擔責任，讓生命更有厚度

靜靜思考的畫面。雖然那時候他還不像現在這樣有名，但是他的才華已經顯露出來，慢慢地參與到美國龐大的政治體系中。我知道早年他經歷的失敗遠比現在要多，可是你卻很少看到他臉上憂鬱的表情，第二天他總是會精神抖擻地參加下一場戰鬥。從那時起，我就覺得歐巴馬是個能夠成大事的人。」

很多人把歐巴馬的成功歸功於他的幸運，事實上這是對歐巴馬極其不尊敬的。的確，在選舉的過程中，歐巴馬在一定程度上受到了幸運女神的光顧，但是他的實力，他的擔當精神才是他能獲得成功的主要原因。他不會因一時的不如意，而讓自己陷入頹廢的境遇，似乎那些對他來說並不算什麼。他總是能很適宜的轉化自己的心情，讓自己更好地從那些煩惱中走出來。

在整個選舉過程中，由於歐巴馬的一些政策觸及某些特權階層，於是便給對手打擊他的機會，這些人利用自己的人脈使歐巴馬在某些州的得票率大大下降，導致歐巴馬在這些州落敗。不僅如此，還有些極端分子高舉反歐標語到歐巴馬的辦公地點高聲抗議：「歐巴馬滾蛋！我們不需要歐巴馬！」

面對失敗和抗議聲，歐巴馬處變不驚，他微笑著安撫競選隊員：「沒有什麼大不了的，這就是選舉，我們必須面對。」在與希拉蕊爭奪民主黨候選人資格時，歐巴馬在一個原本勝券在握的州失利，使得原本遠遠落後於自己的希拉蕊大大縮短了與自己的差距。對此，他的競選團隊都沮喪不已，但歐巴馬卻並沒有在意，反而迅速從失利中脫身而出，甚至對自己的助手說：「夥伴們，我們沒時間把精力浪費在這場失利上，現在，我們得趕緊準備下個州的計畫書。」

> 拿得起放得下，是大丈夫的行為

　　這就是美國歷史上第一位黑人總統，總是能很坦然地面對一些對別人來說非常棘手的事。他清楚地知道，很多事情一旦發生了就不能再改變，一味地深入追究，只會讓這些干擾到以後的路，而且他也相信，既然自己能拿起這些東西，那麼就應該做好失去它們的準備。在沒有站在競選臺之前，他只是一個默默無聞的黑人青年，即使在競選臺上敗下陣來，他還是一個黑人青年，雖然有些事情發生了微妙的變化，但是對歐巴馬來說，並不是一件什麼大不了的事。

　　他的這種精神感染了他身邊所有的人，他們覺得一個有志於當領袖的人如果太斤斤計較，太容易被一些事情左右，就不具備成為一個領袖應具備的基本水準。他真正能夠拿得起放得下，他永遠往前看，而不是讓過去成為自己的羈絆。正是因為這樣，他才得到了幸運女神的眷顧，也正是因為這樣，他才得到了美國人民的認可。這些不是一般人能做到的，只有那些真正拿得起放得下的人才能夠做到這些。

　　拿得起放得下不是玩世不恭，也不是自暴自棄，它是觀念上的輕裝，有拿有放才不會終日鬱鬱寡歡，才不會勞累乏味。

　　拿得起放得下是一種樂觀，一種灑脫，一種成熟，一種人情的豁達，一種調整心態的妙招。但是在付諸行動時，拿得起容易，放得下難。所謂放得下，是指一種心態，就是遇到千斤重擔壓心頭時，能把心理上的重壓卸掉，使之輕鬆自如。泰戈爾（Rabindranath Tagore）說：「世界上的事情最好是一笑置之，不必用眼淚去沖洗。」如果能放得下憂愁，那就可稱得上是幸福的放下。

　　但是生活中的事卻與之相反，我們都了解這樣的道理，要拿得起放得下，可是當自己遇到這些問題的時候，卻很難真正地做到。這是因為

第七章　承擔責任，讓生命更有厚度

我們還沒有完全了解這句話的意思，還沒有真正地培養自己的責任感。

拿得起放得下是告訴你做事要坦然，要了解世界上的事都是相輔相成的，有得必有失，有失一樣也會有得，是一種淡然處世的生活哲學。所以，在實現理想的過程中，我們要養成這樣一種習慣，只要是自己能夠拿起的東西，就一定可以放下，在這一個過程中，我們的心智會更加成熟，我們也會更加接近成功。

釋放自己的熱情，是對人生負責

> 只有熱愛，才能讓你的想法、你的行動百分之百地投入到你所從事的事業中，如果你沒有完全地投入其中，又怎麼從中找到屬於自己的生命價值呢？只有百分之百地投入，才能讓你從一個平臺進入另一個更高的平臺，並且讓你更清楚地看到什麼才是自己所需要的，什麼才是自己應該去追求的。

如果一個人對自己的工作沒有熱情，那麼你很難想像他能做出點什麼成績來。因為只有熱愛，才能讓你的想法、你的行動百分之百地投入到你所從事的事業中，如果你沒有完全地投入進去，又怎麼從中找到屬於自己的生命價值呢？同樣的，百分之百投入也是對自己所從事的行業的一種責任，是對自己的一種負責。

但是，現實中的我們卻很難對一件事做到百分之百地投入，我們總是幻想著有一天自己能夠成功，並且幻想著成功之後的情景，這就好像是自己幫自己畫了一個巨大的餅，而自己在餅的中央整天地胡思亂想，並不為之做出一點實際的事來。這種熱情是可怕的，它會將你帶入一個可怕的虛妄之中，我們所需要的是為事業奮鬥的熱情，需要的是對理想的絕對熱愛，只有如此，才能創造出自己的天地。

歐巴馬正是這樣的一個人，在他所從事的行業裡，他都做到了完全

第七章　承擔責任，讓生命更有厚度

地投入，儘管有些事是他所不喜歡的，但是他也會如此，正是因為他的這種心態，他能做好每一件事，他更加清楚地看到了美國的現狀。無論是在社區工作，還是《哈佛法律評論》時期的工作，他都是如此。我們看到的是一個完全的歐巴馬，一個釋放著自己熱情的歐巴馬，如此怎麼會有不成功的道理呢？

1991年，歐巴馬在哈佛大學的法學院經過三年的學習後又回到了芝加哥，哈佛的三年學習生涯，讓他更加看清楚這個社會，他知道，現在是需要變革的時候了。當時的歐巴馬已經30歲了，他是曾經的社區積極分子，剛剛從很有威望的《哈佛法律評論》的主編位子上退下，同時他也是第一位坐上這個位置的非裔美國人。

現在，羽翼豐厚的他決定向自己所期盼的那條路走去，他準備繼續他的重組芝加哥黑人社區的鬥爭，但是那個城市當時的狀況卻對他的熱情帶來了很大的打擊。

歐巴馬說：「就在我回到芝加哥的時候，我看到了整個南邊社區腐敗加速的跡象。」在歐巴馬看來，那裡的街區更破舊了，孩子們更暴躁了，更多的中產家庭搬到了郊區，監獄裡關滿了年輕人。他還說：「我甚至很少聽到有人說我們究竟做了什麼讓我們的孩子們的心變得如此冰冷，或者我們應該一起做些什麼去糾正他們道德指南針的方向——我們應該擁有什麼樣的價值觀。」

這就是歐巴馬回到芝加哥時所看到的社會，這樣的景象對這個充滿鬥志的人來說是一種無情的打擊，他看到了美國真實的一面，看到了美國人的貧窮和蕭條。他要改變這些現狀，就必須讓自己擁有權力，擁有

> 釋放自己的熱情，是對人生負責

為這些貧苦人民說話的權利，那樣的他才有分量，才能挑戰維繫美國當下格局的權威。

在進行了三年的法律實踐和民事活動之後，歐巴馬決定投身政治。他說：「當初競選伊利諾伊州的州長是因為想要為那些受苦的孩子們創造就業機會和美好的未來。」歐巴馬競選南邊13區的民主黨候選人時，還有人告訴他，他們認為歐巴馬可能太獨立了，他應該為確保當選而做幾筆交易。

在歐巴馬看來，他們都有這種撲克籌碼的心理，他們想保住自己位子或者晉升的想法是凌駕於一切之上的，這些人擁有著對權力的欲望，但對美國當下卻完全不了解，更別談什麼改變。如果一個人沒有在自己所從事的領域內，投入百分之百的熱情，那麼他很難能在這個領域裡做出些什麼來。

他們把政治當作完全的商業遊戲，政治競賽是他們討論的全部，歐巴馬不想和他們討論這些問題，因為他覺得要麼就替美國百姓做出點實際的事，要麼就不要投身到政治中。他要做的與這些人不同，他追求的是另一種生存狀態，他不需要這樣一種把政治完全當作是一種事業的朋友。

歐巴馬不需要另一個事業，作為一個民權律師、教師、慈善家和作家，他已經適應每天工作12小時了。他把政治當作是實現他真正熱情和理想的方式：組織社區。歐巴馬認為官員在克服美國黑人社區的政治癱瘓問題上可以做出很多努力。

他認為他們可以帶領他們的社區走出絕境：取消隔離的不現實的同

第七章　承擔責任，讓生命更有厚度

化政策——幫助一些能向較高經濟和社會地位流動的黑人「上升、賺錢、搬出去」——黑人的怒氣和黑人民主主義的不實用政策也扭曲了現實，而不是把普通人組織起來或者為變革制定比較現實的日程表。

歐巴馬對政治表現出了十足的熱情，當我們在談論歐巴馬當初為什麼會投身到政治時，就不難了解，正是理想的熱情，使得他一步步接近政治事業，因為只有投身到政壇中，才能讓他的理想有實現的機會。如果說，他只是為了一份工作，那麼他完全沒有必要如此努力，但是當他看到蕭條的美國，看到美國人民的生活現狀，他感到了一種絕望和可怕的死灰之氣，這些需要有魄力的領導者來改變，需要一個有遠見卓識的領導者來打破。

歷史選中了歐巴馬，美國人民選中了歐巴馬，他無路可逃。他一步步向政壇靠近，有很多時候甚至連他自己也沒有感覺到，因為他對他所從事的事業投入了百分之百的熱情，這種熱情讓他從一個平臺進入另一個更高的平臺，並且讓他更清楚地看到什麼才是自己所需要的，什麼才是自己應該去追求的。

一個人只有對自己所從事的事業做到完全投入，才有可能在這個行業中做出一點什麼來，對於理想也是如此，如果我們不熱愛我們的理想，不熱愛我們的工作，總是以浮誇的姿態來面對人生，那麼成功只能是一種幻想。所以，請不要吝嗇你的熱情，讓自己完全投入到理想中吧。

第八章

廣納智慧，打造獨特優勢

第八章　廣納智慧，打造獨特優勢

確立讀書的目的，學習對自己有用的東西

> 我們讀書要有目的性，要知道自己該學習些什麼知識，如何去學習。這些知識必須是對自己的將來有幫助的，而不是只覺得它很有趣。擁有自己的目標，並從中學習對自己有用的東西。只有帶著目的去學習，才能達到事半功倍的效果。

透過讀書我們可以學到很多知識，拓展自己的視野，但是並不是每一個獲得了正規教育的人都能取得成功，反而有不少獲得成功的人是那些沒有得到正規教育，僅僅只是依靠自學的人。學習力就是學習能力，一個人如果想出類拔萃，學習力是必須具備的基本素養。也就是說只要是成功者必然是一個擅長學習的人。

可是，當今世界書刊文獻極其浩繁，使人目不暇接，讀不勝讀。如果不加選擇，亂讀一通，只會苦了自己，難有收穫。再說書有好壞、優劣之分，在同類書中有精品也有糟粕。讀書要讀好書，以便用有限的時間，讀最有價值的書，獲得最大的讀書效益。俄國文藝評論家別林斯基（Vissarion Grigoryevich Belinskiy）說過：「閱讀一本不適合自己的書，比不讀書還壞。」

歐巴馬是《哈佛法律評論》的第一位黑人主編，他畢業於哥倫比亞大

確立讀書的目的，學習對自己有用的東西

學，從事過社區工作和民權律師工作。在芝加哥的社區服務經歷給歐巴馬很大的感觸，迫使他決心從政。在歐巴馬決定從政之後，他的定位十分清楚，那就是要競選盡可能高的公職，在他看來，如果要勝任這樣的公職，必須要有為大眾服務的知識和能力，出於對前景的考慮，歐巴馬決定報考哈佛法學院，並且全心全意攻讀法學博士學位。

在歐巴馬打算去哈佛之前，他決定回自己的老家肯亞看看。在肯亞，歐巴馬找到了父親的足跡，他的父親也畢業於哈佛，肯亞之行，為歐巴馬帶來了很大的感觸，他理解了父親的奮鬥歷程和其中的辛酸，更是原諒了他的不負責任。歐巴馬跪在父親和爺爺的墓前，男子漢的眼淚潸然而下，長期積壓在他胸中的淚水衝了出來。

在父親和爺爺的墓前，歐巴馬更加清楚了自己今後的路應該怎麼走，那就是進入政壇，為黑人權利做出自己的貢獻。在確定這個目標之後，歐巴馬有了學習的方向。對他來說，他的學習應該更有目的性，應該選擇對自己有用的東西，而不是囫圇吞棗。事實上，歐巴馬正是出於這樣的考慮才報考了哈佛大學法律系。

對一個決心踏入政界的人來說，如果他不懂美國法律，那將是一個天大的笑話，簡直就是異想天開。既然他要從事政治行業，那麼更高的職位，更重的責任是他必須去承擔的，如果他沒有這樣的一種觀念，那麼他為之奮鬥的目標就變得模糊不清了。所以歐巴馬必須去學習法律，並且要把法律學習得非常透澈，因為只有如此，他才能看清美國社會需要什麼樣的法律，需要什麼樣的東西來支撐和平衡美國的各個階層。

在1988年秋天，27歲的歐巴馬得到了哈佛大學法學院的錄取通知書，並踏入了哈佛大學。在哈佛，歐巴馬年齡比同屆的同學都要大很

191

第八章 廣納智慧，打造獨特優勢

多，所以他也顯得更加成熟，學習也比其他同學更刻苦。

雖然是去哈佛學習法律，但是歐巴馬並沒有忘記他的目的，他不會呆板地困在教室裡，也不會像其他同學那樣去約會和玩耍，他要做的事有很多。在第一年，歐巴馬參加了校園的反南非種族隔離活動，把自己心中的想法透過各種活動表達出來，他還為雜誌社撰寫文章，並在法學院一個級別很高的雜誌上發表了多篇文章，正是因為他的鋒芒畢露，使得歐巴馬受到了老師和同學的關注。

在哈佛大學就讀期間，歐巴馬成功當選了全美最權威的法學雜誌《哈佛法律評論》的主編，這對哈佛大學法學院的學生來說，是最高的榮譽，是很多人為之奮鬥的目標。在這個職位上，歐巴馬充分展現了過人的智慧與特殊的領導才能。同時，歐巴馬是《哈佛法律評論》百年歷史上，第一位爭取到這個位子的非洲裔美國人。通常這個位置被視為法律專業學生畢業後進入美國最高法院當法官祕書，進而步步高升的門票。

現在的歐巴馬已經非常成熟，他知道自己的方向，知道自己該學些什麼，該去做些什麼才會對自己的未來有幫助。正是明確的目的性，使得歐巴馬相對同年級的人來說，更有謀略，更有競爭意識。《哈佛法律評論》主編這個職位是歐巴馬踏入政治之門的門票，在這裡他展現出了過人的才華，並且他也看到了自己身上的優點，那就是從他的父親那裡繼承來的優秀口才。

1991年，歐巴馬順利從哈佛大學畢業，並且獲得了「極優等拉丁文學位榮譽」，之後他又回到了芝加哥，在黑人社區扎根。歐巴馬之所以選擇黑人社區，而放棄華爾街豐厚的待遇，是因為他知道這裡能學到的遠比華爾街多，在這裡，他能離自己的目標更近，這種做法雖然在別人

> 確立讀書的目的，學習對自己有用的東西

看來不可理解，但是對歐巴馬來說，卻是非常正確的。歐巴馬首先選擇了在芝加哥一家專門受理民權訴訟的小型律師事務所工作，當了多年的「窮人的代理人」，又在芝加哥大學法學院兼職教憲法學，從講師做起，後來做到憲法學教授。

歐巴馬的成功正是源於他明確的目的性，他清楚地知道自己要學習些什麼，在他將來的政治生涯中，什麼才是對他有著最大幫助的，而不僅僅只是為了學習而學習，那樣他去哈佛大學就失去了意義，那樣他就沒有必要去黑人社區工作，那樣他就不可能實現自己的政治抱負。我們現在正處於接受知識的最佳時期，是不是也應該像歐巴馬那樣，擁有自己的目標，並從中學習對自己有用的東西呢？帶著目的去學習，才能達到事半功倍的效果。一個人的學歷並不等同於他的學習能力，學歷高的人未必學習能力高，學歷低的人未必學習能力就低。成功不等於學歷，而是等同於一個人的學習能力。學習力從某種意義上就是競爭力。一個人只有具備比別人更快、更好的學習力才會在競爭中脫穎而出，戰勝對手。

如果我們想要實現自己的理想，知識是必不可少的，但是我們應該像歐巴馬那樣，為自己的將來做好充分的打算。只有如此，我們才更有可能實現自己的夢想。這個世界上沒有全知全能的人，那些所謂全知全能的人，並不見得就能獲得成功，只有在我們所期待的那個領域，學深學透，讓自己的知識更牢固，才有可能通向成功。

第八章　廣納智慧，打造獨特優勢

像歐巴馬一樣充分汲取資源

> 學習無處不在，只要你有心，就能學到東西，無論在哪裡，無論什麼時候，我們都可以從中學到屬於自己的東西，正是這些東西深入到你的觀念裡，讓你變得與眾不同。只有不斷從書籍、優秀的前輩以及所有值得學習的地方汲取有益的營養，才能不斷地充實自己，準確地找到自己的定位和價值。

在我們的一生中，無時無刻不在學習，無論在哪裡，無論什麼時候，我們都可以從中學到很多屬於自己的東西，只有這些東西滲透到你的觀念裡時，才會讓你變得與眾不同。當我們有了自己的目標之後，有了一生為之奮鬥的方向之後，我們就要學會汲取資源，從每一個可能或不可能的地方學到對自己有用的東西，如此，我們的羽翼才會豐厚，我們的人生才不至於空虛。

對歐巴馬來說，他的膚色就是他最好的學習資源，透過膚色，他能夠看到很多人看不到的東西，比如種族差異，比如美國底層人民的生活，這是那些高高在上的人看不到的，而正是這些教育了歐巴馬，讓他更清楚地了解到自己的使命，並堅定了為之奮鬥的決心。

事實上，歐巴馬的童年非常不幸，在他出生後不久父親就和母親分開了，在最初的記憶裡，歐巴馬對父親一點印象都沒有，甚至他還有一

> 像歐巴馬一樣充分汲取資源

些怨恨自己的父親,因為他遺棄了自己和母親,使得自己得不到父愛。雖然母親不停地教誨他,但是他始終不理解自己的父親。直到後來,他們來到了印尼。

但是這些對歐巴馬來說,卻是他成功過程中最大的教育資源。正如歐巴馬所說:「我在夏威夷出生,在印尼長大。我擁有黑色皮膚,卻成長在一個白人家庭。然而我正是從這種多樣的文化中汲取養分,長大成人。」他在印尼學到了很多東西,看到了全世界的面貌,他作為一個擁有黑色肌膚的人,生活在社會的最底層,這使得他可能更有機會接觸到當下社會的現狀。

如果你想了解這個社會,卻只是坐在冷氣房裡想像,或是在舞會上了解上流社會的生活,那麼你只能看到社會的一角,並不能對整個社會有透澈的理解。只有在社會的最底層,從那裡你才可以學習到很多書本上沒有的東西,從那裡你可以清楚地理解到社會的現狀。因為窮苦人是構成這個社會的主要部分。歐巴馬正是從窮苦的生活中找到屬於自己的信仰,並且找到為之努力的決心。

在歐巴馬的自傳中記述了這一段經歷:「母親決定將全部精力放到對我的教育上。在那時候,我不僅接受了印尼當地學校的教育,還有幸地學習到了其他更有趣的知識。因為母親沒有錢,所以無法將我送到外國小孩專門就讀的學校裡去,這使得我只能上美國遠距學習的課程。母親每週都會教我學習英語,要我銘記自己的血統,並且她會告訴我關於父親的一些事情。每次她都和我說他不壞,父親恪守的準則是勤奮工作和艱苦生活,她要求我也這樣做。她幫我買了很多有關美國公民權利運動方面的書籍,叫我多聽黑人歌曲,並看馬丁‧路德‧金恩的演講錄影,她

第八章　廣納智慧，打造獨特優勢

還為我講述美國南部黑人小孩的成長故事。她不斷地提醒我，並告訴我：你是一個黑人，你是一種偉大血脈的繼承人和受益者，正因為如此，你會擁有截然不同的人生。」

歐巴馬的母親對歐巴馬的童年生活造成了很大的影響，也讓歐巴馬堅定地認同了自己的黑人血統，這影響了他後來的生活。他清楚地意識到自己身上所承受的擔子有多重，但是他沒有理由去退縮，也沒有理由去逃避，他要肩負起這樣的一份重任。

除了母親，外祖母對歐巴馬的影響也非常大。歐巴馬在她身上學到了艱苦樸素和務實的辦事作風。父親和母親不在身邊的時候，外祖母給了歐巴馬莫大的支持，所以他才會在自己的自傳中滿懷深情地回憶兩位女性對自己的關懷和教育。歐巴馬的優秀是遺傳下來的，而這種遺傳是透過歐巴馬聰明的頭腦和刻苦的學習得來的。

如果說歐巴馬並不是個善於學習的人，那麼無論家人如何教育他，他都不會取得多大發展。但是歐巴馬卻擁有超於常人的學習能力，他能從任何一個人那裡學到自己想要的東西，他不會僅僅只侷限於課堂和書本，而是從每一個可以學到知識的地方汲取成長的養分。正是歐巴馬這種天分，才使得他不斷進入高等學府深造，做精彩絕倫的演講，鼓舞自己和他人。

除了身邊的人，不同國度的文化對歐巴馬也影響極深。在印尼，歐巴馬體會了鄉間的美好，看到了生活中最美的一面。歐巴馬曾在自傳中說道：「在峇厘島的生活讓我魂牽夢縈。我經常想起自己赤腳走在稻田時、雙腳踩在結實泥土上的感覺，想起清晨日出時火山上方美麗的天空，想起鄉間小路兩旁的水果攤，還有夜晚的蟋蟀叫聲。」也許，這樣的

> 像歐巴馬一樣充分汲取資源

景色是歐巴馬所嚮往的,但是現實的生活卻給歐巴馬無情的一擊,他看到了差別,看到生活在底層人民為生存而做的努力,那些人的汗水流了下來,卻得不到應有的回報。如果我們不能從生活中學到應有的東西,那麼就很難做出一番大事業。因為生活不僅會生育我們,也會哺育我們,更會教育我們。也只有生活,才能讓我們懂得人生的價值和意義,懂得生命的可貴和樂趣。只要是那些有著偉大成就的人,都能從生活中學到很多知識,從每一件事,每一個地方,不同的人身上都能獲得他所需要的營養,與其說這是一種超強的學習能力,還不如說這是理想促使他變得更加敏銳。

可見,知識雖然不能夠完全左右一個人的命運,但是,一個人如果沒有知識,不喜歡學習,他可能憑一時的運氣獲得某方面的成功,但是,他不可能在無知的情況下,獲得永遠的成功。只有不斷地學習,才能跟上時代發展的步伐,才能一步步走向成功。

第八章　廣納智慧，打造獨特優勢

透過學習來彌補自己的弱點

> 世上沒有絕對的完人，每一個人都有自己的弱點，都有不足的地方，這些弱點會讓自己處於不利的局面，而我們對自己的劣勢，要有清楚的了解，要善於轉換思路，逆向思考，從中找到關鍵處，就有可能將劣勢轉化為自己的優勢，成為自己獲得成功的重要籌碼。

每個人都有不足的地方，有些是天生的，有些則是後天形成的，但是無論是哪一種，這些不足的地方總是會成為成功路上的障礙。這個時候，如果你一味地去逃避，而不去想辦法彌補這些不足之處，那麼就很有可能讓這個劣勢越來越明顯，最終你會嘗到失敗的苦果。

面對自己的劣勢，我們要有清楚的認知，不能因為是自己不好的一面，就加以否認，而應該正視它的存在，若能轉換思路，逆向思考，從中找到關鍵處，就有可能將劣勢轉化為自己的優勢，成為自己獲得成功的重要籌碼。

歐巴馬沒有把自己的膚色作為競選總統的籌碼，他清楚地知道黑色皮膚所給他的使命。如果他以此為籌碼，那將替他的選舉帶來很大的影響。雖然他在選舉過程中得到了很多黑人同胞的認可，其中包括肯亞的眾多父老鄉親，可是他對這看得非常清楚，因為他了解打種族牌競選的

> 透過學習來彌補自己的弱點

後果:雖然他能爭取到黑人們的支持,卻會失去占美國絕大多數的白人的庇護。

他要建造的是一個和諧的美國,而不是一個有著種族偏見的美國,那不是他想要的。如果是那樣,那麼他的工作還有什麼意義可言呢?他要改善黑人的生活,讓他們也能像白人那樣享受到同等的權利,但是如果這種想法建立在打壓白人上,那將是一件很可悲的事。歐巴馬非常清楚這一點,在他心中,只有一個更為完美的聯邦共和國,所以黑色皮膚對他來說,只是一種觀念和想法的啟蒙,而不是競爭總統的籌碼。

歐巴馬雖然崇拜馬丁‧路德‧金恩,但是他沒有像馬丁‧路德‧金恩那樣高呼「黑人也是上帝按自己的形象創造出來的」,由此掀起一場由黑人主導的選舉運動,剛好與之相反,歐巴馬在竭力淡化自己的膚色,他從一開始就沒有把自己定位為一位黑人候選人,而是巧妙地說自己是「身為黑人的候選人」,與其他的美國人一樣,都是美國公民。

歐巴馬強調融合而絕非排斥,在南卡羅萊納州競選時,他說:「是未來與過去,而不是白人和黑人。」在整個參選的過程中,對於關係到他膚色的問題,比如「如果你當選美國總統,你就是美國黑人中的第一人,你覺得這代表什麼」,歐巴馬都會非常謹慎地回答,在他看來,這些問題如果回答得不好,很容易被自己的對手所利用。

正如歐巴馬所說:「你投給某人的票並不是因為他的長相,而是因為他的政治立場……我不是那種利用種族問題撈取政治籌碼的人,反而我希望,不要因為我是黑人才做某事。我相信即使是別的議員在我這個位子也能做出同樣的事情。」

第八章　廣納智慧，打造獨特優勢

就像所有人預料的那樣，歐巴馬當選美國總統對美國來說是一次重大轉折，具有難以抹去的歷史意義，因為他是第一位黑人總統。歐巴馬也多次表示他的當選也預告著美國的進步。事實上，歐巴馬從一開始就對自己充滿信心，種族問題已經不是困擾美國文化的一個因素，人們關心的早已不是膚色，而是當權者是否為他們提供良好的生存環境，能否讓美國健康向上的發展。

歐巴馬對這種願望看得非常透澈，這得益於他在社區工作的經歷，在社區的工作使得他看到了一個真實的美國。他能迫切地了解到美國當下所需要的領導者，能清晰地覺察到每一個美國人的願望，正是這樣的一種覺醒，才使得歐巴馬有了競選的籌碼，這種籌碼絕非他的膚色，而是他為美國人民的幸福而努力的決心。

為了爭取白人民眾的支持，歐巴馬親自到他們的社區與他們交談，了解他們對國家未來的看法和希望。他甚至在紐奧良遭受颶風襲擊的時候，與布希站在一起共同賑災。與歐巴馬相反，他的競爭對手卻始終站在白人那邊，雖然他們無數次誇耀了白人，但是這並不意味著他們真的能為白人帶來福音。這可能就是在選舉道路上有些人失敗，而歐巴馬卻成功的原因。

在歐巴馬的演講中提到自己的身世，他說自己有一個黑人父親、白人母親，他有著不同的膚色，但是血液裡卻流著純正的美國血。他曾經在最艱苦的底層生活，艱苦奮鬥數載，學會了與人溝通及基本的處世之道，也是在那個時刻，在他心中冉冉升起和大多數人一樣的美國夢。他去美國最好的大學念書，為的是接受最先進的教育和崇高觀念的洗禮，然後又到華爾街工作，體驗到社會最真實的一面，最後他透過自己的努

> 透過學習來彌補自己的弱點

力一步步向上攀升,才有了如今站在競選臺上的資格。歐巴馬就是這樣慢慢消除自己的劣勢,將不利變為有利。

想要成功地展現自己,在很多時候,不能選擇硬碰硬,面對自己無法改變的劣勢,只有透過正面思考,頻頻亮出奇招,巧妙地轉變不利的局勢,這樣才會獲得他人的認可和支持,才能得到最後的勝利。透過學習來累積自己的優勢,彌補自己的劣勢,每天爭取學到一點新的東西,透過一段時間的累積,你的優勢就會越來越明顯。

我們面對劣勢,只有透過實際行動,從中找到可行之法,來彌補自己的劣勢,才能改變對自己不利的局面,化劣勢為優勢,如此才能成功。世上沒有絕對的完人,每一個人都有自己的弱點,如果我們不懂得轉化,不懂得利用有限的資源來改變自己不足的地方,那麼又如何能獲得成功呢?

每一個取得成功的人都是如此,他們能將自己身上的缺點看得一清二楚,並且他們不會去逃避,而是透過有效可行的方法來加以改善,如此才能取得成功。

第八章　廣納智慧，打造獨特優勢

放低姿態，藉他人的優點完善自己

> 向成功人士學習，和他們一起生活、工作是最有效的學習方式，因為在一起工作和生活的過程中，你可以近距離學到他們的處事方式和他們的思考模式，而這些也許就是他們成功的祕訣。透過學習他們的長處，可以不斷地完善自己，豐富自己的知識，提升自己的能力，為將來的成功做準備。

比爾蓋茲（Bill Gates）曾經說過：「和那些優秀的人接觸，你會受到良好的影響。」是的，藉助他們的成功經驗、成功模式，能使我們在非常短的時間內產生最大的效益，而他們失敗時所做經歷的事情也能讓我們知道，哪些是我們不要做的事、不能犯的錯。這會讓我們省下非常多的時間，找對方向，少走彎路。歐巴馬正是這樣的一個人，他從前輩身上學到了很多技能，而不是僅僅依靠書本或是課堂。

對此，歐巴馬非常誠懇地向比自己優秀的人請教，他有很多政策都是從別人身上學習的結果。在日常生活中，歐巴馬很喜歡與別人探討，在遇到某些自己不精通又與民生息息相關的問題時，他就會與他的助手們探討一番。從他們那裡獲得相關的資源和資訊，以完善自己的不足。在討論的過程中，他們互相尊重，互相尋求快樂，還可以解答很多疑難問題。

> 放低姿態，藉他人的優點完善自己

在競選總統時，歐巴馬的從政經驗成為對手打擊的內容，他們批評歐巴馬缺乏雄厚政治資本。為了對此回擊，歐巴馬放低自己的姿態，專門聘請美國政壇經驗豐富的元老做自己的助手，隨時隨地向他們提出問題，他們透過自己的見識和經驗，為歐巴馬提供了很多重要的對策，讓歐巴馬學習到了很多，並彌補了歐巴馬政治經驗不足的缺點。事實上，向比自己優秀的人學習，是藉助他們的優勢來改善自己的不足，而且，這些正好顯現了歐巴馬非凡的智慧與能容天下的氣度，這也是他最終勝出的重要原因。

在一次演講中，歐巴馬如此說道：「我不是完人，我還有許多的地方需要向別人學習。」正是歐巴馬的這種態度，讓歐巴馬能迅速彌補他的不足之處，也正是這種態度，使得他更好地了解美國，完善自己。

事實上，在生活中的我們要想取得成功，向優秀的人學習是必需的。因為每一個優秀的人做事都有一套屬於自己的方法，他們通常都有不同的感覺，透過自己的思考，找到最好的處理方法。凡是在一個領域取得一定成就的人，他所想到的與所做的事一定不同於該領域中的其他人。

向成功人士學習，和他們一起生活、工作是最有效的學習方式，歐巴馬就是採用這樣一種方法，因為在一起工作和生活的過程中，你可以近距離地學到他們的處事方式和他們的思考模式，而這些也許就是他們成功的祕訣。

當然你必定會為此付出一定的代價，這時你要有心理準備，最好是能編出各種藉口來與這種人共處，細心觀察他們的辦事方法。這樣下來不久，你就有一定的收穫，因為你會從他們身上發現，他們用不一樣的

第八章 廣納智慧，打造獨特優勢

方式看事情，用不一樣方式來管理時間，連與別人互動的方式也不相同。試想，如果你能做到他們所做的這一切，甚至還超過了他們，那麼，你就可能與他們同樣傑出。

與傑出人士工作是一條自我提升和改進的有效途徑，這是因為你每天都有機會從傑出人士身上學習到屬於自己的東西，而且還可以隨時向他請教他所擅長領域的問題。所以，作為一個為理想奮鬥的人，你需要找一個在這個領域有著非常大成就的人做你的導師，這樣你就可以從他身上學到很多自己之前不曾知道的東西，而且有一些可能是獨門經驗，這樣你就能在這個領域取得重大的突破和成就。

如果你放下自己的姿態，虛心地向他們求教，那麼任何一個人都不會拒絕你的好意。歐巴馬為什麼能請到那麼多有經驗，在美國政壇德高望重的人來幫助自己呢？正是因為他肯放低自己的姿態，而不是把自己看得比別人更優秀，以一種虛心學習的姿態向人求教。試想，如果歐巴馬用一副高傲的姿態去迎接別人，那麼誰還願意幫助他呢？

不僅如此，歐巴馬的成功，還在於他善於從民間汲取營養。歐巴馬從政的路是從社區起步的。從 2000 年開始，歐巴馬就拜訪了很多黑人教堂，他學習了黑人牧師講話的節奏和誇讚的神態。不僅如此，歐巴馬還積極參與到他們的活動中，他不會錯過每個星期在黑人教堂發言的機會。因為，他覺得這是他學習的最好機會，也是實踐的最好平臺。

在人的一生中，想要取得成功，通常有兩條路：一條是靠自己埋頭苦幹、學習、實踐、總結；另一條是向已經成功的人去學習，像成功者那樣思考和行事。所以，在我們平時無事的時候，一定要留心學習他們的長處，以此來完善自己，豐富自己的知識，提升自己的能力，來為將

> 放低姿態，藉他人的優點完善自己

來的成功做準備。

　　每個人都希望在現實生活中成為傑出的人，很多人也都希望自己能成為一名傑出的人士，那麼我們就不能忘記從那些有著成功經驗的人身上學習方法，以他們的失敗來警惕自己，順著他們的足跡向前行進。因為每一個人都會在向他人學習的過程中慢慢地發生變化，慢慢地成長，最終實現自己的價值，從而取得最後的成功。

第八章　廣納智慧，打造獨特優勢

讓夢想覺醒，
別在學校裡碌碌無為

> 每一個獲得成功的人，他們的夢想都是在學校裡覺醒的，透過學習和接觸，他們看到了屬於自己的一片天地，並因此誕生了奮鬥的決心，這是因為夢想給予了他們力量，變成了人生的燈塔，並滲透到他們的血液裡去，讓他們更有目的地去汲取知識，而不是成為夢想的奴隸。

很多人覺得在學校裡所學到的和現實生活中的知識有很大的差別，所以這成了他們在學校裡玩世不恭的藉口。事實上，他們之所以會產生這樣的想法，多是聽慣了那些走上社會的人的那些抱怨。

社會和學校是兩個不同的地方，在學校裡我們可以從容地學習，學自己感興趣的東西，這裡可以允許你的能力不夠強，允許你犯錯，甚至允許你貪玩，但是社會則不行，你必須全心全意地提升自己的能力，不能有絲毫懈怠，否則只會被社會淘汰。

如果你把學習的想法留到踏入社會之後，那就大錯特錯了。我們要正確地利用在學校裡學習的機會，不能在學校裡碌碌無為，充分利用在學校裡學習的機會，來完善自己。

很多獲得成功的人，他們的夢想都是在學校裡覺醒的，透過學習和

> 讓夢想覺醒，別在學校裡碌碌無為

接觸，他們看到了屬於自己的一片天地，並因此誕生了奮鬥的決心。歐巴馬的童年生活得非常不堪，他的膚色讓他變得與眾不同，所以他多是過著玩世不恭的生活。那段時間，他不知道什麼是夢想，不知道人生有什麼意義，他染上了很多壞習慣，但是這不能阻止他夢想的覺醒。

一個人的夢想一旦覺醒過來，那麼就會從他的體內爆發出無限的力量，這種力量是迫使他獲得成功的泉源，是促使他踏上夢想之路的原動力。歐巴馬曾說過，他在西方學院經歷了政治覺醒。這種覺醒，讓他了解自己需要什麼，自己想要得到什麼，自己將來該怎麼去做。從一定程度上來說，這種政治覺醒拯救了一個碌碌無為的歐巴馬，拯救了一個生活在人生邊緣的人。

雖然歐巴馬當初選擇西方學院是為了追求一個女孩，但是這卻在一定程度上幫助了歐巴馬，因為這裡有很多的非裔美國學生，不像在芝加哥讀書時那樣。而且，歐巴馬的這種做法很容易就讓人想到雷根總統，雷根總統當初也是為了追求女孩而進到大學學習的，同樣的，雷根總統也在大學期間找到了自己的奮鬥方向。這並不是巧合，而是歷史的機緣。

在西方學院的生活中，歐巴馬參加了反種族隔離的運動，並進行了人生的第一次政治演講，那是在學院校長辦公室前的一次集會上發表的。這次演講突顯出了歐巴馬的演講才能，這次演講之後，在歐巴馬周圍總是會圍著一群和他有著一樣膚色的學生，他們每天都在一起，過著步調一致的生活。

雖然歐巴馬在西方學院只待了兩年，但就是這短短的兩年時間，讓他的人生發生了重大轉變，他的夢想在這裡覺醒了。所以他要追求更高

第八章 廣納智慧，打造獨特優勢

的生活模式，更能培養自己能力的學校，所以他在大三那年如願轉到哥倫比亞大學學習。雖然哥倫比亞大學是歐巴馬政治生涯的起點，但是我們不能忽略西方學院為歐巴馬的人生帶來的影響。

在西方學院，歐巴馬開始使用「巴拉克」這個肯亞名字，而不是用印尼名字「巴利」，事實上，這意味著歐巴馬開始認同自己的身分，認同自己的種族，而不再是以前那種逃避。

歐巴馬的同學常鼓勵他要努力奮鬥，追求更美好的生活，從種族問題中逃離出來，更好地面對今後的人生。在大學期間，歐巴馬常為了尋找所謂非裔美國人的生存意義而把自己弄得悶悶不樂。也是從那時起，他對校園政治產生了奇怪的想法，並產生了濃厚的興趣。

那一段時間，歐巴馬經常在學校裡的學生雜誌《聖宴》發表文章，其中有一首詩表達了自己如何在不同的身分中尋求平衡，展現出了一個19歲少年在人生路上的迷茫與坎坷。從這首詩中，我們可以看到，歐巴馬對外祖父的深厚感情，以及他對肯亞生活的憧憬和嚮往，在歐巴馬看來，那裡才是自己出生的地方，才是屬於自己種族的地方。

在西方學院，歐巴馬還有一個重大的收穫，那就是他發現自己和父親一樣，有著非常出色的口才，他能在任何地方任何時候都做出精彩的演講，透過演講，他能吸引周圍所有的人，讓他們投入到自己所演講的內容中。這種發現，讓歐巴馬更加堅信了自己所要走的道路，這種能力在歐巴馬今後的從政生涯中發揮了決定性作用。

雖然歐巴馬在西方學院收穫很多，可是那時的歐巴馬身上仍然有高中時的一些陋習，他把時間都花在了聚會上，並沒有花太多心思去學

> 讓夢想覺醒，別在學校裡碌碌無為

習，也正是因為如此，才讓歐巴馬開始思考自己的人生。他之所以會這樣，與這裡的氛圍和環境有著直接的關係，如果他想做出一番成績來，他就必須為自己找一個新的地方，讓自己重新開始。於是歐巴馬決定離開西方學院，並成功進入哥倫比亞大學學習。

歐巴馬非常珍惜在哥倫比亞大學學習的機會，在那裡他改變了之前所有的不好習慣，成為一名真正意義上的學生，他推掉了所有的聚會，把時間都花在學習和寫文章上，對歐巴馬來說，他無疑是開始了新的生活。

如果說，沒有西方學院的政治覺醒，歐巴馬很可能還是一個「街頭混混」，整天過著遊手好閒的日子，可想而知，一個人的夢想覺醒之後能為他帶來多麼大的轉變，歐巴馬的轉變正是如此。

學校是最容易誕生夢想的地方，我們要充分利用這個條件，讓自己的人生變得更有意義。人不應該只是停留在夢想階段，而是應該將夢想變成自己的燈塔，讓它滲透到血液裡去，只有這樣，才能讓你更有目的地去汲取知識，而不是成為夢想的奴隸。

很多人在學校裡過著碌碌無為的生活，他們抱著過一天算一天的心理，把學校裡的日子全部打發掉了，雖然表面上看起來過得很舒適，可實際上卻是在蹉跎歲月。這跟浪費生命有什麼分別呢？我們要想獲得成功，就應該利用好自己在學校裡學習的機會，像歐巴馬那樣找到夢想的支點，讓人生變得更有意義。

第八章　廣納智慧，打造獨特優勢

登高遠望，
在巨人的肩膀上採摘勝利的果實

> 我們在成長的道路中，要吸取前人的成功經驗，以一種傳承的信念去引導自己，向更遠的未來前進，你可以從他們身上學到很多有利於自己的東西，延續他們的夢想，站在他們的肩膀上採摘勝利的果實。

做什麼事都要有榜樣，榜樣的力量是非常巨大的，它不僅可以幫你樹立自己的目標，更能為你提供有效可行的方法。所以，在實現理想的道路上，我們需要這樣的一個人來指引自己，尤其對年輕人來說，榜樣更是必不可少。科學家牛頓（Isaac Newton）就說過：「我之所以看得遠，是因為我站在了巨人的肩膀上。」

歐巴馬並不是一位在美國政壇上有過傑出成就的人，他也不是第一個在美國歷史上領導黑人民權運動的人。在他之前有偉大的總統林肯，還有20世紀在全球有著巨大影響的黑人領袖馬丁·路德·金恩，這兩個人正是歐巴馬所崇拜的人物，對歐巴馬的一生產生了巨大的影響。歐巴馬能走到這一步，不僅因為他的天分，他的口才，他出色的競選團隊，他出生背景的迥異和成長過程的不同，還因為在他的腳下是一條前人走過的路。

> 登高遠望，在巨人的肩膀上採摘勝利的果實

歐巴馬如此評價林肯：「他的偉大與他的生命歷程有關。他的脫離貧困，他的自學成才，他對文字和法律的高超掌握，他克服個人的損失和在一而再、再而三的挫折面前不屈不撓的力量。」但是歐巴馬並非只停留在這個角度，而是從中挖掘出了新的東西，他說：「我們從這方面看到了美國性格中一個基本的元素，那就是我們為了實現自己的夢想可以再造自己。」

如果我們對林肯有一定的了解，會發現林肯的成功跟歐巴馬頗有幾分相似。林肯在當選總統之前，他同樣沒有雄厚的政治資本，只是一個當過一屆眾議員的小律師。但是他有著自己的優點和熱情，因為他有常人難以想像的治國方略，並且非常富有遠見卓識。他的出現改變了黑人被奴役的歷史，並使他們看到了新的光明，從那以後，美國就進入了一個前所未有的新時代。

正是林肯對美國的卓越貢獻，使他成為幾代美國人難以忘懷的偉大總統。林肯的這種成功，對歐巴馬產生了非常大的影響。在歐巴馬競選總統時，他把自己的起點定在林肯當年發表著名演說的地點，可以看出林肯對歐巴馬的影響之大，而且他也想沿著林肯的足跡，走出自己的輝煌。

那麼，歐巴馬能否像林肯一樣，為這個國家創造新的歷史呢？歐巴馬出色的演講口才告訴我們，他完全可以。他從小就熟讀馬丁・路德・金恩的著名演講〈我有一個夢〉，在歐巴馬的心中，也有一個屬於自己的夢想，也有一個和馬丁・路德・金恩一樣的夢想。他從父親那裡沿襲了演講口才，從馬丁・路德・金恩身上學到了演講的技巧和方略，他每一次的演講都能深深地打動觀眾，每一次演講他都在表現自己的熱情。

第八章　廣納智慧，打造獨特優勢

歐巴馬說：「在這個偉大的國家，每個時代都會有新一代人崛起，他們在扛起國家進步的重任。現在，又到了新人崛起的時候了。在這個無時無刻不在變化的時代，只有具有新鮮生命的人，才能帶來新的血液和前進動力。我們不能否認，成功總伴隨著各種挫折，即便是林肯也曾有舉步維艱的時刻，但是他憑藉自己的意志與決心，克服困難勇往直前，實現了一個國家的進步和統一。」

在歐巴馬看來，正是有了林肯孜孜不倦的努力，才有了林肯的成功，才讓現在的美國處在一片祥和之中，沒有分裂和奴役，也沒有所謂的南方人和北方人，有的只是一個人種，那就是獨一無二的美國人。林肯是這個國家的英雄，正是林肯讓歐巴馬懷有一顆勇敢的心，鞭策著他不斷前進，即使是在最失意的時候，也能給他一個清晰的目標去追尋。

在 2007 年 2 月 10 日的伊利諾伊州首府春田，歐巴馬宣布參選，他講道：「我們可以打造一個更有希望的美國。在林肯呼籲結束分裂、團結一致的老議會前，希望和夢想仍在延續。」他藉助了美國人民心中偉大總統的威望，鼓舞聽眾，使聽眾的印象十分深刻。歐巴馬更懂得只有全體民眾的力量才是浩蕩的力量，他的著眼點就是借用民眾力量，點燃民眾的希望之燈。

他繼續說道：「這是我們的時刻，我們的時代……讓美國夢重放光芒，驗證這一重要的真理，那就是：團結一致，眾志成城；一息尚存，希望就在；倘若有人嘲諷我們做不做得到，懷疑我們做不做得到，那麼我們就以這一永恆信條回應，因為它凝聚了整個民族的精神──是的，我們可以。」

> 登高遠望，在巨人的肩膀上採摘勝利的果實

歐巴馬以親身的經歷來證明，美國夢並沒有破碎——人人都可能成功，人人都可能創造奇蹟，人人都可能實現夢想，他自身就是在這個時代的一個奇蹟，他就是最有力的說明。他用「我可以」，喚醒了已經瀕臨破碎的美國夢。

歐巴馬的成功，除了有來自偶像的力量，還有他的眾多支持者，他們幫歐巴馬帶來了大批的選民，在一定程度上幫助歐巴馬提升了自己的聲譽。在2008年的選舉中，拜登雖然反覆說過歐巴馬還沒有做好出任總統的準備，但是他也告訴其他人，歐巴馬是美國歷史上黑人中唯一候選人，因為他聰明能幹，乾淨俐落，能言善辯。

後來拜登為自己的出言不慎向歐巴馬道歉，在民主黨全國代表大會第三天晚上，拜登接受了黨代表讓他做副總統候選人的提名，然後進行演講。他對歐巴馬有著這樣的看法：「我看到歐巴馬是怎麼去感動人民，如何激勵人民。我認為，他會把美國人最為古老的信念刻在心間：我們不會對任何不可接受的現狀逆來順受，我們有能力去改變它。相信歐巴馬會帶著這個信念掌管國家，而他會改變這個國家。」

歐巴馬就是這樣一步一步走向成功的，他是在巨人的肩膀上採摘勝利的果實。我們在成長的道路中，是否要像歐巴馬這樣，吸取前人輝煌與偉大的成果，以一種傳承的信念去引導自己，向更遠的未來前進呢？

在我們年輕的時候，更應該為自己尋找到一個好的榜樣，讓他引導自己前行。在艱難奮進的路上，多一點信念與果敢，同時也會多出一點必勝的信心，這樣最終才能實現自己的價值。

第八章　廣納智慧，打造獨特優勢

第九章
迎難而上，逆境中快速成長

第九章　迎難而上，逆境中快速成長

會有挫折和失敗，我們要學會承受

> 失敗是不可避免的，每個人都必須經歷。雖然失敗讓人很不愉快，但它本身也是一把雙面刃，你只有不被它打倒，利用它來開闢道路，成功才會離你不遠。因為失敗可以激發一個人向自己挑戰的勇氣，一旦這種勇氣化為行動，那麼世界上任何挫折都不會使你屈服。

一個人要想做成一番事業，會遭遇各種挫折、困難和艱辛。困難只會嚇住那些性格軟弱的人。對於真正堅強的人來說，任何困難都難以迫使他就範，相反，困難越多，對手越強，他就越感到打拚有價值。每一個成功的人都經歷過挫折，他們不可能事事順心如意，不同的是，他們並不把挫折視為災難，而是當作寶貴的財富和幸福的感受。

在歐巴馬剛踏入政壇的歲月裡，他經歷過無數大大小小的挫折。歐巴馬常常說，如果沒有這些波折，他就無法成長，無法從一個不經世事的少年成長為眾人敬仰的領袖。在歐巴馬眼中，挫折會激起自己前進的欲望與挑戰別人的決心，是自己衝鋒陷陣必不可少的動力和刺激。

在 2000 年，歐巴馬決定競選聯邦眾議員，這需要他在伊利諾伊州贏得選民的多數支持。競選州參議員時，他只需得到他所在的小選區的選民支持即可。他在那裡有知名度，也沒有強勁的對手，對他是件容易

> 會有挫折和失敗，我們要學會承受

的事。在州府待了三年，他埋頭做了不少政績，可在募集選舉經費「撈錢」這一方面，他基本上沒做多少工作。在這次選舉中，歐巴馬並沒名氣，也沒有選舉的經驗，尤其是在全州，而且他也沒有多少人脈。雖然他竭盡全力，但最後他總共才籌到區區53萬美元，連做電視廣告的錢都不夠。他最後甚至都沒有贏得黨內初選的出線權，最終他不得不接受失敗。

這次失敗，讓歐巴馬深刻體會到金錢的價值，也為他後面的募資，更大範圍的選舉累積了很多寶貴的經驗。同樣的，歐巴馬的這次失敗讓他認清了政治並不是自己所想的那麼簡單，並不是只要有出色的口才，就能取得自己想要的成功。這對歐巴馬今後的從政道路來說，是一個很好的教訓。雖然經過這次失敗，歐巴馬在心理上和經濟上等多方面受到了重創，幾乎是元氣大損，可是他並沒有因此而放棄。一個人要想實現自己的目標，不僅要在成功中累積經驗，更應從失敗中吸取教訓。歐巴馬正是這樣的，他從自己的成功中總結出經驗，但更能從自己的失敗中吸取教訓，所以他成功了。

事實上，這個世界上天資聰慧的人很多，上天給這些人很多的機會，可是他們卻無法從中找到成功的感覺。這是因為很多人在成功面前變得輕浮，而當失敗來臨時，就變得消沉，最後都沒有走多遠，浪費了上天對他們的厚愛。所以，我們不能懼怕失敗，要把失敗看作是對自己的一場考驗，而不要意志消沉，整天抱怨，唯有如此才能獲得成功！

歐巴馬說：「我珍惜生命中的每一次痛苦，並用心體會它，愛它，我知道這會我讓受益匪淺。」每一個做大事、成大業的人，總會以樂觀的心態來面對生活中的苦難，他們了解經歷了一次失敗，就像經歷了一次蛻

第九章　迎難而上，逆境中快速成長

變，生命會因此更加充實與飽滿。歐巴馬的生命就是這樣，他將挫折視為幸福的態度也被許多人推崇。歐巴馬面對困難時的態度使他人受益，也使自己脫穎而出，實現了自己輝煌的價值。

失敗容易使人或輕或重地產生一種負面的情緒狀態，假如一個人能夠具備正確的失敗觀，失敗不僅不是壞事，還可以成為一種正面的心理動力。其實，失敗就是失敗了，即便你不承認，事實也還是那樣，辯解只是讓別人徒增笑料而已。還不如大方地坦白承認自己的失敗，讓別人留下一個灑脫的笑容。

作為一名政治家，失敗時是不能表露出沮喪的。他不能懼怕前進道路上的失敗，也必須吞下苦澀，祝福對手的勝出。歐巴馬失敗的時候，他需要在眾人面前承認自己輸了，並且堅強地再次站起來。歐巴馬勝利的時候，馬侃和裴琳（Sarah Palin）輸了，他們也必須坦然面對失敗。面對失敗只能選擇接受，一味地逃避，只會讓自己陷得越來越深。

每一個人都會經歷挫折，都會經歷失敗，沒有一個人能夠一路成功到底。當我們經歷失敗的時候，就需要用一顆平常的心來面對，而不是抱怨，而不是止步不前，我們要學會承受生命裡的痛苦和挫折。

生命的歷程，從一定意義上說，是由一次又一次的「偶然」所操縱的，夢想的演繹沒有邊界，而客觀世界卻強硬而又多變。所以，失敗是不可避免的，每個人都必須經歷，雖然失敗讓人不愉快，但它本身也是一把雙面刃，你只有不被它打倒，利用它來開闢道路，成功才會離你不遠。

麥可‧喬丹（Michael Jordan）說過：「我一生不停地失敗、失敗再失

> 會有挫折和失敗，我們要學會承受

敗，這就是我現在成功的原因。」從失敗中，你可以了解下一次自己可以做出怎樣的改變。假如你惹了什麼麻煩，那並不說明你就是個搗蛋鬼，而是在提醒你，在將來要對自己有更嚴格的要求；假如你考了低分，那並不說明你就比別人笨，而是在告訴你，得在學習上花更多的時間。

事實上，失敗和挫折並不可怕，如果在挫折和失敗面前選擇了放棄，那才是最可怕的。史蒂芬・金（Stephen King）之所以能成功，正是他不斷地失敗，失敗後不斷地嘗試的結果，最終他取得了成功。歐巴馬也是如此，他才能從一個不經世事的青年成為美國歷史上第一位黑人總統。

挫折在生活中無時不有、無處不在，問題只在於你碰到的挫折是大是小。但不論如何，遇到挫折，你都應坦然處之，不必驚慌失措，不必慨嘆命運的不公。哪裡跌倒就在哪裡爬起，成功是從挫折中走出來的。

對於失敗，是逃避還是勇敢面對，這二者是有區別的。堅強的人一方面不怕困難，另一方面他們又非常重視困難，冷靜地、深刻地研究和分析出路，理智地尋找征服它的途徑，這種明智的態度可以大大地提升克服困難的能力。

沒有哪個人會喜歡失敗，它意味著失去、放棄，可又有誰不曾失敗過呢？所以，與其因懼怕而逃避失敗，倒不如勇敢地正視它，從失敗中找出自己的不足之處，並加以改進，相信成功就會離你不遠了。

第九章 迎難而上，逆境中快速成長

不要為自己找藉口，
跌倒了就站起來

> 很多人懼怕失敗，並且為自己找各式各樣的藉口，最終養成了逃避的習慣。其實，失敗並不可怕，可怕是失敗之後為自己尋找藉口的習慣。因為這是一種不肯承認自己失敗的行為，這樣的人是不可能獲得成功的，更不可能得到上帝的青睞。

很多人喜歡為自己的失敗找藉口，他們只想著渡過一時的難關，而不想想最終的結果，因為他們經常會為沒有做成某些事而去想方設法尋找藉口，或想出各式各樣的理由為任務未能按計畫完成而辯解，最後這種行為便成了習慣，失敗也就不遠了。可以說找藉口是世界上最容易辦到的事情之一，只要你存心拖延逃避，你總能找出足夠且合理的理由。

事實上，找藉口是一種不好的習慣。當我們遇到問題後不是積極主動地去想方法解決，而是千方百計地為自己的失敗尋找藉口，這是一種不正確的做法，一旦藉口變成了擋箭牌，就失去了對失敗的抵抗能力，就總能找出一些藉口來安慰自己。找到藉口只是為了掩蓋自己的失敗，可是長期這樣下去，找藉口就會變成一種習慣，一旦失敗就會找各式各樣的藉口，最終會放棄為了成功而付出的努力。

美國總統歐巴馬的身分看似光鮮，事實上他有著人們想不到的故

> 不要為自己找藉口，跌倒了就站起來

事。歐巴馬的父親是肯亞的一名黑人經濟學家，母親是美國一名白人女教師。在歐巴馬2歲那年，父母離異。歐巴馬只見過父親一次，他是跟著母親、外祖母和外祖父長大的。6歲那年，他的母親再婚，嫁給一位印尼石油公司的主管。他們舉家遷往印尼，歐巴馬在首都雅加達的學校讀了四年。如此生活了四年，母親又與繼父離婚，歐巴馬只好回到夏威夷，與外祖父和外祖母生活在一起。他們將歐巴馬送進了夏威夷私立普納荷學校，那是夏威夷乃至全美最優秀的私立學校之一，具有百年歷史，學費昂貴，只要是有點錢財和地位的人是無論如何都要把小孩往裡面送的。歐巴馬的外祖父和外祖母，就是期望歐巴馬能有一個光輝的前途，才在經濟困難的情況下，還送他上這所學校。

在學校裡，歐巴馬因為膚色感受到了同學異樣的眼神。如果歐巴馬因為這些因素而為自己的未來找藉口，那麼他就很可能一事無成。膚色確實可以成為歐巴馬墮落的藉口，事實上，在很長的一段時間裡，歐巴馬確實過著無所謂的生活，他沒有自己的奮鬥目標，沒有生活的勇氣和力量。但是，他最終從這些迷茫中走出來，因為膚色給他的遠比膚色從他那裡奪走的要多。他從不同的膚色中找到了自己的信仰，並堅定下來。

可以說，如果歐巴馬只是生活在藉口中，那麼他就永遠也不可能獲得成功，更別談什麼理想和抱負了。正是因為歐巴馬從自己的藉口中走出來，才讓他看到了全新的美國，找到了屬於自己的春天。

歐巴馬在競選伊利諾伊州第一選區的美國眾議院席位時，遭受慘敗，留下了6萬美元的債務和一臉的沮喪，然而就是在這次失敗中，歐巴馬抓住了一線生機。2002年秋，在州議會待了不到六年的歐巴馬代表

第九章　迎難而上，逆境中快速成長

伊州民主黨競選 2004 年的聯邦參議員，歐巴馬也不忘自我改造。而為了獲得競選經費，歐巴馬一家甚至把房子拿去抵押。

面對失敗，歐巴馬並沒有選擇逃避，也沒有為自己的失敗尋找任何的藉口，而是選擇了去總結，去分析，弄清楚了自己為什麼會失敗，自己在哪些方面沒有做到位，然後再想辦法來彌補，一旦時機成熟，他就迎難而上，打通了所有的關卡，直抵成功的彼岸。

其實失敗並不可怕，可怕的是失敗之後，為自己尋找藉口的習慣。因為這是一種逃避的行為，一種不肯承認自己失敗的行為，這樣的人是不可能獲得成功的，更不可能得到上帝的青睞。

如果你遇到一些自己不願意做或是自己不想做的事情，就找一些藉口來推脫，那又如何讓自己得到鍛練，接近成功呢？看到一些成功人士的案例，想到自己一事無成，卻把別人的成功歸結於運氣，那又如何獲得克服困難的勇氣呢？大多數人在做一件事情不成功或者被批評的時候，總是會為自己找出種種藉口，因為他們害怕承認錯誤，害怕被笑，只是想得到暫時的輕鬆和解脫。

現實生活中，我們有多少人把寶貴的時間和精力放在如何尋找一個合適的藉口上，而忘記了自己的職責？更為可怕的是，藉口成了一張敷衍別人、原諒自己的擋箭牌，扼殺人的創新精神，讓人無止境地消極下去。其實，那小小的失敗根本不算什麼，沒有失敗，我們就會失去反省自我的機會，如果讓失敗一次次重演，才是我們最大的失敗。即使現在沒犯錯，將來也會做錯，因為問題遲早會暴露出來，不如直接面對錯誤，想辦法儘早解決。

> 不要為自己找藉口，跌倒了就站起來

　　藉口是對惰性的縱容，每當要做出抉擇時，總要找出一些適當的藉口來安慰自己，總想讓自己輕鬆些、舒服些。所以，無論什麼時候，千萬不要找藉口，不要把過多的時間和精力花費在尋找藉口上。失敗也好，痛苦也好，藉口只會讓你錯上加錯，不如再好好想一想下一步究竟該怎麼去做。只要我們拒絕藉口，勇於承擔責任，就能做好每一件事。

　　我們要告訴自己，無論做錯了什麼，都沒有什麼藉口可言，錯誤就是錯誤，並不是一件可怕的事。我們要成為一種擁有毫不畏懼的決心、堅強的毅力、完美的執行力的人，讓自己擁有在限定時間內把握每一分每一秒去完成任何一項任務的信心和信念。

　　事實上，很多人都喜歡找藉口，在人類出現時這種行為就注入了人們的觀念，經過千百年的傳承，藉口變得越來越巧妙，人們運用藉口的能力也更加出神入化，藉口的「作用」也被發揮得淋漓盡致。當我們不想做某事時，尋找藉口的最大「好處」，就是把屬於自己的過失掩飾掉，把應該自己承擔的責任轉嫁給社會或他人。這樣不負責任的人在社會上得不到大家的信賴和尊重，也不可能得到更大的發展空間。

　　所以，我們年輕人要拒絕藉口，並不能只在口頭上說說而已，而是要把它徹底落實到自己的行動過程中，才是對自己負責、對人生負責。因為人生中沒有藉口，失敗沒有藉口，成功不屬於那些尋找藉口的人。我們要學會為自己加碼，面對失敗，不是編一些花言巧語為自己開脫，而是迎難而上，找出問題的根源所在，才能提升自己的能力，通向最後的成功。

第九章　迎難而上，逆境中快速成長

從容地面對，讓自己的心更堅韌

> 任何一個成功人士走過的路都不是平坦的，或許他們比一般人遭受的挫折還多，但他們永不言敗、永不服輸的精神，讓他們走到了最後。所以，我們不能把眼光拘泥於挫折的痛感之上，而應該總結失敗中的經驗和教訓，從中找到屬於自己的東西，才能將失敗化為成功。

任何一個成功的人，都不可能是一帆風順的，只有那些經歷過失敗，並且迅速站起來的人，最終才能夠摘得成功的果實。雖然我們同樣有著遠大的理想，長遠的目標，但是很多人卻禁不住失敗的鞭打，擋不住暴風雨的侵蝕，最後只得放棄自己的夢想。這類人是很可悲的，他們沒有正確地對待失敗和挫折。

歐巴馬在競選聯邦眾議員的時候，經歷了從政以來最嚴重的失敗，但他沒有倒下，沒有被這次失敗擊倒，他迅速站了起來，變得更加堅強，更有智慧。歐巴馬一共擔任了三屆伊利諾伊州參議員，總共八年時光。那次失敗是 2000 年 3 月的事，那時他才做了一屆州參議員，從政也不過四年，那時候他有些急功近利，所以失敗對他來說，並不是一件壞事。

從容地面對，讓自己的心更堅韌

在他剛當上州參議員不久，哈佛的政治學者羅伯特・普特南（Robert Putnam）就邀請歐巴馬加盟他所在的薩古拉論壇。這是由一批有名氣、有發展前途的政治家與政治學研究工作者共同發起、組織和參與的全國性組織。在這裡，歐巴馬有機會了解很多政治理論，並認識了很多實踐方面的菁英，同時也讓他的想法和理念在更大範圍內得以傳播。

歐巴馬說話很坦率，他絲毫不隱瞞自己的政治抱負。他對許多重大的政治議題直抒己見，由此所表現出來的政治野心，吸引了不少人的注意力。他在人脈方面開始大下功夫，他多方拜師，其中就有後來成為伊利諾伊州參議院多數黨領袖的民主黨元老艾米爾・瓊斯，並在後者的領導下負責伊利諾伊州的社會福利、公職選舉的財政補助及罪犯改造等方面的改革工作，這給了歐巴馬創造政績的機會。

一位在政壇很有權威的人，這樣評價歐巴馬：歐巴馬確實與眾不同，他似乎有著一種特殊的本領，能讓人們認真地思考他所認定的議題。不管是因為他能讀懂別人的心理，還是他有辦法讓別人的思路跟著他走，能做到這一步，就說明他已經不是一個一般的政客了，他是一個做大事的人，不會拘泥於一個小小的州參議員。

對歐巴馬來說，伊利諾伊州參議員並不是一個很大的職務，同等級的州參議員，在全美國有好幾百個，沒有多少人在那個位子才幾年就敢妄加評論國事的。也許在歐巴馬人生的這個階段，可能是因為他的幸運太多，他確實不是一個很能禁得起政治仕途失敗的人。但是畢竟他生存了下來，而只有生存者才有資格面對新的機會。

州參議院和眾議院屬於立法系統；公安、法院、檢察院屬於司法系

第九章 迎難而上，逆境中快速成長

統，法律的執行機構；而州政府那班人馬則屬於行政系統。行政與司法是執行機構，即使現有法律不公正，他們也必須按現有法律執行，而只有立法系統才有最終對法律的修改權。當然，兩者之間有某種互動關係。

歐巴馬當時的任期為四年，他後來又被選連任一期。整個參議院的成員又被分為三個組，其中一到兩個組的議員，每兩年改選一次，如此交替進行。這樣做的結果是，每兩年都有定量名額的參議員需要選民重新確定續任或換人，而同時絕大部分又是已有經驗的在任未到期的議員，既穩定而又有更新和交替。

在任職的過程中，歐巴馬不僅豐富了自己的經歷，還讓自己的人脈越來越廣，他從那一次失敗中站起來之後，有了比之前更為明確的目標，而且更覺得有可行之道。他沒有被失敗打倒，而是從失敗中找到了致勝的方法。他以前認為自己的口才出眾，可以透過自己的演講把自己推銷出去，而在當選伊利諾伊州議員的過程中，他雖然經歷了失敗，但是這次失敗讓他醒了過來，了解之前不清楚的事。這對歐巴馬來說，是一件好事。

事實上也是如此，歐巴馬在州議員位置上蟄伏了很久，他一直在等待機會的來臨。他的羽翼慢慢豐厚，從政經歷也多了。在下一屆的聯邦議員選舉中，他以壓倒性的優勢勝出。最後到參加總統選舉，前後不過才八年的時間。可以說，歐巴馬經歷的那次失敗，是他人生的一個轉捩點。

歐巴馬說：「我知道我將要走的是一條漫漫長路，我可能會經歷許多

> 從容地面對，讓自己的心更堅韌

失敗和挫折，但立志成功的雄心使我不允許自己放棄。」

在通向總統的道路中，很難統計歐巴馬到底經歷了多少次失敗，即便現在的他是成功的，但在他的成功背後其實也有很多的失敗隱藏著，我們不能只看到他臺前的光鮮亮麗，而不去想他在背後付出的艱辛以及來到臺前這段過程中所承受的痛楚。每個人在蛻變的過程中，苦難總是難以避免的歷練。

一個人遭受一次挫折或失敗，就該接受一次教訓，增長一分才智，所謂「失敗是成功之母」，但是如果把失敗當作結局來看待，失敗會形成一種破壞性的力量。相反，如果把失敗當作經驗加以總結，那麼，它將成為成功的墊腳石。每個人都會遭受挫折和失敗，所以，我們要善於從失敗中汲取教訓、總結經驗，就會走向成功。

每個人的一生中都會有數不清的挫折和失敗，並不可能完全地一帆風順。所以我們要獲得成功，就不能被這些東西打倒，而是應該迅速站起來，在逆境之中磨礪自己的心志，找到通向成功的道路，如此才有可能接近成功。我們在遇到困境時，要懂得安慰自己，我們其實是在尋找走向成功的方法。

哲學家尼采說過：「受苦的人，沒有悲觀的權利。」因為受苦的人，必須克服困境，悲觀和哭泣只會加重傷痛，必須讓自己正面一點，才能渡過這個難關。樂觀地面對生活中的一切，面對挫折永不服輸，才會讓自己更有鬥志，最終，獲得他人的認可和青睞，實現自己的價值。

事實上，在所有導致我們失敗的因素中，最可怕的就是自我放棄，只有在心中有永不言敗的信念，才有成功的可能，否則，等待我們的只

第九章　迎難而上，逆境中快速成長

會是失望與失落。每個人都會經歷挫折，一個人絕不能把眼光拘泥於挫折的痛感之上，而應該總結失敗中的經驗和教訓，讓自己不再犯相同的錯，讓自己變得更有智慧，才能將失敗化為成功。

困難時刻，
把自己的力量聚集起來

> 我們在實現理想的過程中，難免會遇到困難和挫折，這個時候，我們是不是需要充分發揮自己的優勢呢？面對理想的高山，我們只有讓自己的力量達到最大值，才有可能爬上最高峰，如果我們沒有準備好，沒有保持良好的狀態，那麼很容易遭遇到失敗。

對歐巴馬來說，美國總統是一座無法攀登的高峰，但是他卻成功登上了山頂，因為他用足了自己的力量，讓自己的優勢得到最大的發揮。他沒有因為數次的失敗而放棄，相反，他越挫越勇，最終走上了成功之路。

我們每一個人都有著自己的理想，有些對我們來說非常的遙遠，因為更多的時候我們所處的位置實在太低，事實上，每一個成功的人，都能很好地掌握自己，他們不會因為遙遠而懼怕，也不會因為自己的起點低而心存怨念，他們會用自己的智慧解決一個又一個的難題，直至最後的成功。

歐巴馬的成功來自他非凡的智慧和出眾的演講能力。在 2008 年 7 月 24 日，歐巴馬進行了海外之行唯一一次公開演說，對此，德國和美國的電視臺進行了全程報導。據透露，當天現場觀眾超過了 20 萬人。這樣

第九章　迎難而上，逆境中快速成長

的「待遇」歐巴馬在美國也沒享受過，歐巴馬的演講使在場不少觀眾都產生了共鳴。因此，歐巴馬獲得了德國媒體的青睞，在媒體看來，歐巴馬外交的弱點得到了充分的改善，並成功傳遞出了美國人共同的夢想和信仰，他們一致認為歐巴馬是美國下屆總統的最佳人選。

事實上，歐巴馬之前並沒有受到青睞，因為他是黑色人種，在歐洲人和美國人看來，他並不是道地的美國人。歐巴馬經過這次演講之後，為自己打開了歐洲之窗。對他來說，他不僅要得到美國人的認可，還要得到世界其他人的認可才行。總統這份工作並不只是治理好美國，而是應該帶領美國與全世界合作。這就是美國精神。歐巴馬競選總統，就應該以此為目標。

美國的總統大選在一定意義上也是競爭雙方互相「抹黑」的競爭，這種攻擊有時候是根據事實的，有時候是無中生有的。2008年大選的民主黨提名戰中，歐巴馬和希拉蕊之間進行了殊死之戰，雙方勢均力敵，最後雙方競選團隊內部人員出現了不當的舉動，都導致這兩位民主黨內部的候選人在黨內展開互相攻擊。

2月23日，在情形相對平穩的時候，一向主張打場乾淨選戰的參選人希拉蕊終於忍不住了，她以最強悍的語氣公開抨擊歐巴馬採用傳單引導人們誤解她的保健政策。在俄亥俄州辛辛那提舉行的集會上，希拉蕊手拿兩份歐巴馬陣營寄出的郵件，大聲斥責歐巴馬競選團隊，她表示：歐巴馬陣營的這一做法根本和共和黨慣用的抹黑民主黨的招數全無二樣，根本不是他在辯論會上所宣稱的「新政治」。最後，希拉蕊用布希總統的軍師卡爾·羅夫（Karl Rove）的語氣說：「歐巴馬，我為你感到羞恥。」

兩天後，「德拉吉報導」網站爆出一大新聞，這則新聞旋即被稱為

> 困難時刻，把自己的力量聚集起來

「照片門」事件，在網站公布的照片中，歐巴馬頭戴白色穆斯林頭巾，身穿白色穆斯林長袍。「照片門」事件迅速成為美國各大電視臺討論的焦點，並使歐巴馬和希拉蕊在辯論中就此事互相指責。歐巴馬當天接受採訪時表示：希拉蕊陣營的這種把歐巴馬暗示成伊斯蘭教信徒的政治手段會讓選民們感到可悲。

歐巴馬競選經理普洛夫（David Plouffe）也表達了自己的不滿，他指責希拉蕊的競選團隊是本屆總統選舉中「最無恥、最無禮的恐懼散播者」。最終歐巴馬頂住了壓力，成功解開了這個難題。事實上，選舉是殘酷的，你不可能按部就班出招，不然失敗的很可能就是你。如果這個時候，歐巴馬沒有沉住氣，因此而亂了陣腳，那麼他也不可能爬上總統這座高峰。

最終，2008年美國總統大選隨著民主黨總統候選人巴拉克・歐巴馬以絕對優勢勝出成為美國總統而落下帷幕，這在美國總統選舉史上實屬罕見。歐巴馬打敗了希拉蕊之後，一個更為強勁的對手是馬侃，面對一開始的弱勢，歐巴馬及時採取了措施，並對局勢做出了準確的預測，最終在一場金融海嘯中成功當選總統。

在1990年代末期，衍生性金融商品剛剛在美國興起的時候，有些人就指出它們缺乏透明度，而且它們應該受更加嚴格的管制。布希政府像馬侃一樣低估了次級抵押債務的嚴重性。馬侃在兩個月前就跟隨亨利・鮑爾森（Henry Paulson）稱美國經濟基礎雄厚，為了響應布希政府推出7,000億美元的市場救助方案，馬侃暫停了選舉活動，重新返回華盛頓，表示他將利用自己的影響幫助方案獲得通過，並且表示他的救市立場。但是這一次參議院的投票表決中，大部分的共和黨參議員投了反對票，

第九章　迎難而上，逆境中快速成長

　　這對馬侃來說是一個致命的打擊。

　　從一開始歐巴馬就把選民的心態運用得很好。「變革」的口號——「改變我們可以相信的」和「必須改變的」具有很強的吸引力。馬侃與此相反，「以國為先」的口號無法與之相比，直到 2008 年 9 月初共和黨全國代表大會時，這一口號仍然相對缺乏個性和特點，缺乏感動人的力量。

　　美國面臨著經濟、安全以及其他許多挑戰和困難，這就是歐巴馬接手時的美國現狀，但是歐巴馬在選舉之初，就對此有了深刻的了解，並提出了相關的措施，成為所有美國人的共同希望。

　　我們在實現理想的過程中，難免會遇到困難和挫折，這個時候，我們是不是要像歐巴馬那樣充分發揮自己的優勢，來化解眼前的危機呢？

　　每個人都有面對困難的時候，這時的我們不要一味地沮喪和絕望，因為每一個困難的後面都蘊藏著成功的機會。沮喪和妥協只會使我們變得意志消沉，失去鬥志，從此一蹶不振。歐巴馬告訴我們，勇於挑戰困難，向困難說聲「我可以」，就會激發出我們內在的勇氣和信心，最終找到克服困難的方法。

　　面對理想的高山，我們只有讓自己的力量達到最大值，才有可能爬上最高峰，如果我們沒有準備好，沒有保持良好的狀態，那麼很容易遭遇到失敗。所以，我們要學會發現自己的優勢，學會找到最適合自己的切入點，才能找到理想之門的鑰匙。

正視別人的批評，
從失敗中吸取教訓

> 上天給每個人的機會都是一樣的，我們都有著相同的起點，有足夠的時間去實現自己的目標，但是每個人都有自己的不足之處。當別人為我們指出，或是因為犯錯而遭到批評的時候，我們要學會聆聽，學會聽取他人的建議，這也會讓我們迅速成長，是我們人生中最寶貴的財富。

在我們成長的過程中，失敗是在所難免的事，每一個人在面對失敗時的表現決定了他最終會處於什麼樣的位置。有的人會在失敗中吸取教訓，找到一條致勝的道路；有的人則是一意孤行，打死也不肯承認自己的錯誤，當有人幫他指出的時候，不僅不能理智地接受，還會將別人奚落一番，試想這樣的人，如何才能獲得成功呢？

世上沒有絕對的完人，每一個人都有自己的不足之處。當別人幫我們指出，或是因為犯錯而遭到批評的時候，要虛心地接受，了解到自己的不足，進而加以改善。如此不僅能從他們那裡學習到成功的經驗，而且還會提升自己的能力，讓自己下次不再犯同樣的錯。

1996 年，歐巴馬以出色的個人才華和高效的立法效率連任三屆伊利諾伊州的參議員職位。這在當時以共和黨為主的伊利諾伊州參議院裡是

第九章　迎難而上，逆境中快速成長

個極為罕見的特例。究其原因，歐巴馬在自己第一、第二任期中平均每年完成 14 個議案的立法推動工作，而在第三年中，由他提出或共同提出的 60 項法案中更有 11 項被批准為法律。同時，歐巴馬積極地向共和黨議員表示友好，他這種較少黨派痕跡的立法建議，為他爭取了不少的跨黨支持。正是這些跨黨的支持，使得歐巴馬不久便出任州參議院健康與公共事業委員會主席一職，仕途從此一馬平川。

家庭幸福，事業有成是每一個人的夢想，但歐巴馬的抱負卻不止於此。2000 年歐巴馬的第一個孩子瑪麗亞出生，但這並未止住歐巴馬前進的腳步。隨著政績的不斷擴大，歐巴馬將眼光投向了芝加哥市長的職位。但權衡利弊後，歐巴馬決定放棄芝加哥市長的職位，轉而與鮑比‧拉什（Bobby Rush）競選國會眾議員民主黨提名。當時，很多老政客並不看好歐巴馬，雖然拉什曾經以黑豹組織成員的身分公開表示支持《攜槍自衛法案》，正是這個法案致使美國社會槍擊事件和刑事案件居高不下，使他受到了民眾的廣泛質疑，國會議員的席位也岌岌可危。但拉什畢竟是政壇老手，他擁有歐巴馬所沒有的豐富的從政經歷。而且同樣身為黑人，拉什是曾經的黑豹組織的頭目，具有廣泛的人脈，黑人社區有很多人都支持他。歐巴馬與他競爭幾乎沒有優勢，但身為新秀的歐巴馬並未聽取這些老政客的建議，反而更加堅定了他與鮑比‧拉什抗衡的決心。

但幸運女神這一次並未光顧歐巴馬。就在歐巴馬思考如何為了爭取黑人支持而調整策略的時候，卻傳來拉什的兒子因槍擊案喪命的消息。這一戲劇性的事件，把拉什從一個槍支法案的堅定支持者推到了老年喪子的悲劇角色。人們在同情拉什之餘，也忘了再去評判《攜槍自衛法案》的對與錯，歐巴馬喪失了自己打敗政敵最有力的武器。而正當選舉工作

> 正視別人的批評，從失敗中吸取教訓

陷入窘境的時刻，歐巴馬因為女兒瑪麗亞的生病而錯過了一個以限制槍支使用、由時任州長喬治‧瑞安（George Ryan）領銜提出的《鄰里安全法案》。大眾對一直以槍支管制為核心政綱的歐巴馬此次缺席提出了激烈批評。這些原因致使歐巴馬在隨後的2000年3月的初選中一敗塗地。

這次失敗的選舉，使一部分人對歐巴馬這種新秀向老政客挑戰的行為產生了誤解，致使歐巴馬在州議會中的形象受損。而就在這一年，歐巴馬的第二個女兒莎夏（Sasha Obama）出生。為了這次失敗的選舉，歐巴馬不得已動用自己的私人帳戶，以彌補選舉經費的不足，欠下了鉅額的債務。家庭的重任讓歐巴馬不得不暫時放下了自己遠大的政治抱負，將更多的精力放在了家庭上。

選舉失敗使得歐巴馬的信心受到了很大的打擊，差點斷送了自己的政治生涯。如果歐巴馬當初肯聽取老政客的意見，那麼他就很有可能避免這次失敗。在經歷了這次失敗之後，歐巴馬變得更加聰明，這次的失敗從一定程度上也造就了今天的歐巴馬。因為在這之後，他謙遜起來，他經常與老一輩政客們聊天，向他們請教很多的問題，從他們那裡，歐巴馬很好地彌補了自己從政經驗的不足。

如果不能從失敗中學到教訓，是一件很悲哀的事。即使是一些小小的錯誤，你都可以從其中學到很多東西。我們不僅要從自己的錯誤中總結經驗，也要善於從別人那裡得到警示。別人失敗了，不要幸災樂禍，你要學會分析，總結出現象背後的本質，如果你找出別人失敗的原因，並且引以為戒，那麼你才能有效避免自己犯同樣的錯。

在生活中總是有許多事情是我們控制不了的，不管一個人的意志力、自制力有多麼強大，有時候失敗也是在所難免的，這個時候，別人

第九章　迎難而上，逆境中快速成長

有可能會對你有所評論。如果你不能從中找到對自己有益處的東西，而僅僅只是把這些當作指責，那麼你就有可能深陷失敗的泥淖中。

每個人都會遭遇到他人的批評，無論是在學習中，工作中，還是在日常的生活中，批評是在所難免的，雖然並不是每一個批評都是值得我們學習和檢討的，但是總有一些是對自己有好處的。可以說，他人的經歷都融合在這些批評之中了，如果我們虛心接受，就很有可能從他人的經驗中來完善自己。

很多人同樣擁有遠大的理想，和為理想奮鬥的決心，但是他們最終卻無法摘得理想之果，這是因為他們無法正確地對待他人的批評，不懂得從失敗中總結經驗和教訓，讓錯誤一而再，再而三地發生，最終自己也失去了奮鬥的決心。我們要學會從他人身上吸取經驗和教訓，而不應該為了所謂的面子，固執到底，否則最終吃虧的只會是自己。

其實，上天給每個人的機會都是一樣的，我們都有著相同的起點，有足夠的時間去實現自己的目標。在這個過程中，我們要學會聆聽，學會聽取他人的建議。有些建議往往是讓人苦不堪言的批評，即使是這樣，它也會讓你成長，讓你在心底暗暗地下定決心。如果我們肯虛心聽取別人的建議，那麼我們就可能在追求理想的道路上少走許多彎路，因為他人也許經歷過，知道這樣做不行，甚至別人會告訴你解決之法，關鍵在於你是否肯虛心接受。

批評是一劑良藥，它不一定能根除疾病，但至少可以使我們暫時清醒一點。成功學家卡內基（Dale Carnegie）曾經指出：「在與他人相處時，在與他人交換意見時，如果你是對的，就要試著溫和地、有技巧地讓對方同意你；而如果你錯了，就要迅速而坦誠地承認。」

正視別人的批評，從失敗中吸取教訓

接受別人的批評，也是對自己的一種寬容。我們不可能做到完美，但必須要為完美而努力。別人的批評，可以拉近我們與完美的距離。

如果我們聽到有人說我們的壞話，我們先不要替自己辯護。我們要與眾不同，要謙虛，要明理，我們要去見批評我們的人，要說「如果批評我的人知道我所有的錯誤的話，他對我的批評一定會比現在嚴厲得多」，我們要依靠自己贏得別人的喝采。

很多人之所以能夠反敗為勝，是因為他們善於從別人的批評中學習對自己有用的東西，重新獲得並增強自己的進取能力，重新調整策略再次進取，最終獲得成功。

第九章　迎難而上，逆境中快速成長

超越自我，將自卑轉化為力量

> 每一個人都隱藏著自卑心理，我們只有擁有堅定的信念和足夠的自信，才能戰勝自卑帶來的困惑，也只有如此，才會將自卑從心裡趕出去，找出內心深處潛藏的力量，更好地面對明天的陽光。

每個人都有自己的不足之處，有些人會因為自己的缺陷而陷入自卑的泥淖之中，自信心受到了嚴重的打擊，做什麼事都會以為自己做不好，最後什麼事也做不成。自卑帶給人的打擊是巨大的，一個人想要獲得成功，就必須給自己足夠的信心，把自己的不足之處轉化為前進的力量，從中找到屬於自己的東西。

歐巴馬有黑人父親、白人母親，在他所做過的演講中，他總是會加入這樣一個屬於他自己的故事：我有一個不好的出身，卻同樣可以有一個美好的未來。可見歐巴馬內心深處的力量，並沒有被這些既定的現實所打垮。與自己的黑人身分抗爭是艱難的，在夏威夷念小學的時候，歐巴馬經常受到一些白人學生的排斥。當老師念到他的名字時，全班就會哄堂大笑。有時，他們摸著他的頭髮，戲謔地問他是非洲哪個民族的，怎麼會長得這麼黑。每當這個時候，歐巴馬就會因為自己的膚色不開心。

為了改變這種現狀，他謊稱自己的父親是非洲的王子，一位演講家

> 超越自我，將自卑轉化為力量

和領袖。對此，同學們紛紛要求他的父親來演講，老歐巴馬果然沒有讓他們失望，他跟孩子們講怎麼成為一個男子漢，講他的民族是如何走向獨立，大家對老歐巴馬的演講產生了極大的興趣。因為父親的關係，歐巴馬開始自信起來。等他大學畢業之後，就積極投身社區服務事業，為最貧困的底層人民排憂解難。

在為理想奮鬥的過程中，歐巴馬淡忘了膚色替自己帶來的困擾，全心全意地幫助他人，他學著溝通、傾聽，漸漸地成長起來。最終歐巴馬創造了不少的奇蹟，當他還是大學生的時候，就成為《哈佛法律評論》的第一位黑人主編，受到學校和媒體的熱烈關注，他也從一個自卑的黑人少年成長為一顆冉冉升起的明星。

歐巴馬在自傳《無畏的希望》中，這樣寫道：「在中學時期，我已經感覺到了，在夏威夷身為一名黑人意味著什麼。」在此期間，歐巴馬一直在尋找著真正的自我。他還提到這樣一個細節：曾經有一個同學叫他黑鬼，於是他把那個人打得鼻青臉腫。當他與一位年長的鄰居在電梯裡相遇時，那個鄰居十分害怕他，還聽到自己的白人籃球助理教練曾經小聲嘀咕自己的球隊不應該輸給一群黑鬼。

從歐巴馬的成長經歷可以看到，他也曾經自卑過，也因此走過彎路。如果把這一段經歷也看作他的自我推銷過程，那麼這個時期的歐巴馬無疑是失敗的。但是歐巴馬沒有被自卑打倒，而是從中獲得了新的力量，他找到了自己奮鬥的目標，找到了最好的切入點，了解到了更為真實的現狀。這些對他的政治生涯來說，產生了很強大的化學效應，讓他今後在面對困難和失敗的時候，都能從容以對。

現在，每天都有不少年輕人投入到工作中，他們都有自己的奮鬥目

第九章　迎難而上，逆境中快速成長

標，幻想著有一天能採摘到勝利果實。可是，他們很多人卻不能取得成功，因為他們之中的絕大多數都不具備足夠的信心與決心，他們總是懷疑自己的能力，一旦做錯了什麼事，就會將這件事放大化，最終影響到自己的一生。對於初入社會的年輕人，要想成功，必須克服自己的自卑感。

不少人有這樣的想法，他們認為世界上最好的東西，不是他們這一輩子所應享有的。在他們眼裡，生活中的一切快樂，都是留給一些受命運眷顧的人來享受的。一旦有了這種卑賤的心理之後，他們就不會再有出人頭地的決心，不會再想著做出一番成績來。現在的許多年輕人，本來可以做大事，可是實際上他們在做著一些小事，過著平庸的生活，原因就在於他們自暴自棄，他們沒有遠大的理想，不具有堅定的自信。

許多年輕人會有自卑感，是因為在和別人比較以後，對自己產生了不滿。自卑情結代表著深層的自我懷疑，而消除自卑情結最大的祕訣就是將你的心裡裝滿信心。只要對自己充滿無可限量的信念，就能在你身上產生自信。

對我們來說，自卑是無形的敵人，你必須設法戰勝它，否則，它將讓你喪失信心，心生恐懼，帶給你很大的困擾。對於生活中的強者來說，自卑並不會成為前進的阻力；相反，它會成為一個人發憤圖強的動力。心懷抱負的人，會變自卑為動力，從自卑走向自信，從渺小走向偉大。

有人說過這樣一句話：自卑像一把潮溼的火柴，再也燃不起興奮的火花。如果長期被自卑籠罩，這樣的人不僅鬥志易被腐蝕，心理也容易失去平衡，很容易出現病態的現象。自卑的人，總哀嘆事事不如意，老

拿自己的弱點與別人的強處相比，越比越氣餒，甚至比到自己無立足之地。所以，如果我們對自卑感處置不妥，就會消沉，從而墜入黑暗的深淵。

只有積極地投身到自己熱愛的事業中，多運動，多參加各種活動，與周圍的人融為一體，透過閱讀充實頭腦，自己身邊的環境才會漸漸好起來。如同全心投入芝加哥貧民社區服務的歐巴馬，與一般百姓的近距離接觸不僅使他在為人處世方面得到歷練，在個人價值實現的過程中還幫他克服了自卑的惡習，為他以後的從政鋪平了道路。

只高看自己的人，顯得驕傲；看低自己的人，顯得自卑。事實上兩種人都是錯估自我形象的結果。自卑的人放大自己的低形象，驕傲的人拒絕承認，企圖用外在的事物來補償內在的自卑。

每一個想要成功的人，都應該戰勝一切看似不可能戰勝的東西，只有如此，才能獲得成功之光的洗禮。在每一個人心裡都隱藏著自卑的影子，我們只有擁有堅定的信念和足夠的自信，才能戰勝自卑帶來的困惑，也只有如此，才會將自卑從心裡趕出去，找出內心深處潛藏的力量，更好地面對明天的陽光。

第九章　迎難而上，逆境中快速成長

第十章

攜手共進，化敵為友的智慧

第十章　攜手共進，化敵為友的智慧

寬恕自己的敵人，就能多一個朋友

> 如果我們可以用寬容的眼光來看世界，那麼無論是事業、家庭，還是友誼都能穩固與長久，這樣的人才能獲得他人的尊敬，才能實現人生的價值，其生命的意義也才會得到充分的展現。

人們應該彼此容忍：每個人都有缺點，在他最薄弱的方面，我們應該寬容，而不是死死地抓住不放。這樣的事常常發生在日常生活中，例如：親密無間的朋友，無意或有意做了傷害你的事，你是寬容他，還是從此疏遠，或伺機報復？有一句話叫做「以牙還牙」，疏遠或報復也許更適合人的本能心理反應，但是這不是文明的做法。因為這樣只會讓怨恨越結越深，仇會越積越多，最終兩人由好朋友成了一對分外眼紅的仇人。

如果你受到傷害之後，採取寬容的態度，用大度之心包容對方的錯誤，不僅可以表現出你的胸襟，讓你的形象瞬時就變得高尚，還可以幫你化解他人的敵意，這樣就會少一個敵人，多一個朋友，豈不是一件美事？事實上，你的寬宏會使你的精神達到一個新的境界，讓你的人格折射出高尚的光彩。歐巴馬在成功當選美國總統之後，對曾經和他進行過殊死之爭的「敵人」採取了寬宏的態度，最終化敵為友，組建了一支全新的團隊。

> 寬恕自己的敵人，就能多一個朋友

　　有評論家說 2008 年的美國總統大選是一件很有意思的事，在整個選舉的過程中，無論是同黨還是不同黨之間的競爭，都可以說是生死之戰。為了獲得最後的勝利，不給對手任何喘息的機會，雙方總是會寸步不讓，把對手往死裡打，可以說是一場真正的較量。可是一旦最終的結果出來，之前的競爭就瞬間消失了，諒解、聯合成為全新的主旋律。

　　用不打不相識來形容歐巴馬和馬侃是非常恰當的，馬侃與歐巴馬成了總統選舉的最後人選，他們之間要進行一場生死之戰，在選舉的過程中，雙方相互挖苦、詆毀、貶低對方，可以說是無所不用其極。就是這樣的一對冤家，在總統選舉落下帷幕之後，馬侃與歐巴馬之間的紛爭馬上煙消雲散了，他們很快達成和解，甚至成了一對好朋友。

　　可以說，美國總統選舉就是候選人之間的一場戰爭，只有一個人能取得最後的勝利，在整個選舉過程中，如果不把對方往死裡打，最終獲得失敗的很可能就是自己。但是，候選人之間並無絕對的深仇大恨，他們心裡都有著一個共同的夢想，那就是全美國人共同擁有的美國夢。在歐巴馬當選總統後，他發表了感言，他說：「我剛剛接到了馬侃參議員極具風度的致電。他在這場大選中經過了長時間的努力奮鬥，他為自己所深愛的這個國家奮鬥的時間更長，更值得我們尊敬。我向他和裴琳州長所取得的成績表示祝賀，我也期待著與他們一起在未來的歲月中共同努力，復興這個偉大的國家。」

　　馬侃輸得大氣，歐巴馬贏得其所。他們都表現出了常人所沒有的氣概，可以說，他們之間的相互包容將成為美國最有利的武器，在他們的帶領下，美國也會迎來復興之路。歐巴馬經常對自己的團隊說：「寬恕別人是為了寬恕我自己。」

第十章　攜手共進，化敵為友的智慧

此後，歐巴馬兌現了他的諾言，他常邀請馬侃到白宮做客，共同商討治國方案。他多次強調他和馬侃都是美國人，有著共同的利益，他們不是敵人而是夥伴。馬侃也在落選之後，第一時間表達了對歐巴馬的祝賀與信任，他如此說道：「在這場持久而且艱難的競選活動中，他的成功贏得了我的尊敬，更讓我讚賞的是，他激起美國人民的希望。我希望所有支持我的美國人，要和我一起來祝賀他，要向我們的新任總統表達我們良好的心願。我們一起努力，在這個危險的世界上捍衛我們的安全，創造一個更加強大的國家，讓這個國家更好。」

2008年的美國大選改變了一些東西：身分、地位、關注度。雖然如此，他們都是美國人，不管是黑色皮膚還是白色皮膚，他們都是美國人，屬於一個國家。所以，他們沒有繼續「仇恨」，而是選擇了聯合與寬容。他們了解讓硝煙繼續無益於國家，對個人也會造成很大的傷害，所以不如原諒對方，即使面前的這個人曾經將自己貶得一文不值。

這種寬容的態度讓所有人看到了他們的豁達和寬廣的胸懷，看到了他們摒棄過去、一切向前看的堅定信念。這種信念鼓舞的不僅是他們自己，他人也體悟到了兩人的高尚情操，請相信這句名言：「寬容是在荊棘叢中長出來的穀粒。」

在生活之中，我們總認為，做了錯事得到報應才算公平。寬容對我們來說是一個很陌生的詞語，對此英國浪漫主義詩人濟慈（John Keats）就說過：「人與人之間，應該彼此容忍，每個人都有自己的缺點，在最薄弱的方面，每個人都能被切割搗碎。」的確如此，只有寬容才能讓人與人之間的情感變得更加真誠。

> 寬恕自己的敵人，就能多一個朋友

美國第三任總統湯瑪斯·傑弗遜（Thomas Jefferson）與第二任總統約翰·亞當斯（John Adams）之間就有這樣的一種寬容，它維繫了雙方的關係。傑弗遜在就任前夕，到白宮去告訴亞當斯，希望無休止的爭論不要延續到選舉之外，不要影響到他們之間的友誼。但是亞當斯並不買帳，他還沒有從失敗的憤怒中清醒過來，他對傑弗遜咆哮道：「是你把我趕走的！」這種關係持續了很久，後來傑弗遜的幾個鄰居去探訪亞當斯，亞當斯對他們說：「我一直都很喜歡傑弗遜，現在仍然喜歡他。」鄰居把這話傳給傑弗遜，傑弗遜寫了一封信給他，表達了他們之間的友誼，亞當斯在收到信之後，回了一封信給他，兩人從此開始了書信來往，讓友誼變得更加牢固。這個世界上，沒有絕對的完美，每個人都有弱點與缺陷，都可能犯下這樣那樣的錯，當別人犯錯之後，我們不能無休止地打擊對方，不給對方改過的機會，非要置對方於死地不可，這樣的一種心態，只會讓仇恨加深，而不能最終化解仇恨。與其如此，還不如選擇寬容自己的敵人，以大度的胸襟去包容對方，同時讓自己的靈魂也得到解脫。

第十章　攜手共進，化敵為友的智慧

維護好自己的人際關係

> 在人生的旅途上，處理各種人際關係時，不可只顧自己，隨心所欲，否則最終將導致各種障礙，影響社會正常執行和自我目標的實現。所以維護好自己的人際關係非常重要，在人際交往中，人人都不能離開必要的自制和對外在條件的控制與調節。

當我們走向社會，為了滿足生存的各種需求，就必須和人打交道。然而，如何在交往中和交往對象建立起和睦的關係，以促進合作，圓滿地開展工作，達到交往目標，就成了至關重要的問題。要解決這一問題，一方面要努力在交往中恰當地表現自己，使交往對象能夠正確地了解自己，另一方面是能夠迅速準確地了解對方，正確地判斷出交往對象的性格特徵，心理狀態，生活習慣等等，使自己能夠因人而異，選擇最佳的交往方式。

歐巴馬的成功當選，與他的團隊有著很大的關係，如果沒有隊員的傾情幫助，那麼他很難獲得最後的勝利。2002 年，歐巴馬決定競選參議員，當時的歐巴馬在政壇已經小有名氣，後來他獲得總統候選人凱瑞的賞識，並接受對方的邀請在 2004 年民主黨全國代表大會上做主題演講。在那次演講中，歐巴馬展現了他過人的口才，用熱情和精心雕飾的語言呼籲結束黨派分歧，讓政治替百姓帶來希望。經過多方面的努力，這一

維護好自己的人際關係

年,歐巴馬終於走上了民主黨的前臺,同年11月,歐巴馬當選國會參議員,就任後沒多久,他就開始籌劃總統選舉。雖然歐巴馬沒有顯赫的政治背景,但是他依靠自己在多年的工作中所累積的力量,開始向總統的寶座發起進攻,比如在他的競選陣營中的頂級顧問達爾文（Darwin）,與他有近二十年的交情,他一直支持和幫助歐巴馬。

在1992年,歐巴馬參與柯林頓的總統選舉,與志工貝迪魯共事多年,當時貝迪魯對歐巴馬印象深刻,正是他的牽線,使歐巴馬和達爾文會面,兩人一見如故,達爾文被歐巴馬當成知己,他們迅速成為「關係圈」中重要的人物。正是在這位摯友的幫助下,在此次美國大選初選的初期,歐巴馬一路破關斬敵,達爾文也成為歐巴馬競選陣營的頂級顧問。

除了達爾文之外,歐巴馬還有另外一位政壇密友,他是已被歐巴馬宣布為未來白宮辦公廳主任的拉姆‧伊曼紐爾（Rahm Emanuel）,他曾與歐巴馬同為伊利諾伊州國會眾議員。作為前總統柯林頓的助手,當年48歲的伊曼紐爾在2002年當選眾議員,曾是民主黨黨團會議主席,是眾議院第四號人物。

在長期選舉過程中,歐巴馬對自己的定位掌握得很準確,他不僅是美國政壇的新面孔,而且為了符合總統一職要求必須展現出他的才識和勇氣。在競選集會上,歐巴馬有著突出的發動民眾的能力,與其他候選人不同的是,歐巴馬並沒有非讓他們相信他將帶來變革,而是讓他們相信他能實現這種變革。

隨著這種信任的逐漸加深,加入其「圈子」的政治和經濟界人物越來越多,這個圈子成了歐巴馬在競選過程中,最得力的幫手,他們幫助歐

第十章　攜手共進，化敵為友的智慧

巴馬出謀劃策，並協助歐巴馬渡過一個又一個的難關，從在愛荷華州舉行的首場總統初選「好彩頭」，到連贏兩場初選奪得領先地位，再到穩獲總統候選人資格，最後在 11 月成功當選總統，歐巴馬作為少數族裔候選人創造了很多個第一，這與他的競選團隊為他提供的策略密不可分。

除了國內的支持團隊外，歐巴馬在國際上的受歡迎程度在他的總統選舉中也達到了決定性作用，他在其他國家的幾次民調中都獲得了非常高的支持率，並且在他還沒有成為總統候選人之前，就與其他國家的政要及在職官員有著密切的關係。例如在 2005 年與歐巴馬在倫敦會面的英國時任首相東尼・布萊爾（Tony Blair），還有拜訪過歐巴馬參議員辦公室的義大利民主黨領袖貝爾薩尼（Bersani），以及後來任法國總統的尼古拉・薩科吉（Nicolas Sarkozy）等，這些人都非常欣賞歐巴馬的才能，認為他完全有能力勝任美國總統的職位。最終，歐巴馬獲得了成功。

古希臘哲學家伊比鳩魯（Epicurus）說過：「在確保終身幸福的所有努力中，最重要的是結識朋友。」歐巴馬的成功離不開團體的幫助，離不開他所建立的人際關係網，這種人際關係在歐巴馬的選舉過程中發揮不可忽略的作用。面對強勁的對手，歐巴馬一是從政經歷不足，二是沒有雄厚的資本，但是他有其他人所沒有的團隊，最終他獲得了勝利。事實上，個人和團體的關係，是社會中的一種極為普遍的關係。社會中的人都是一個人，然而每一個人都不是離群索居的，而是生活於大大小小的團體之中，每天都和團體發生交往關係。所以，每個人在人生之路上，都會遇到大量的個人與團體的矛盾。

心理學專家認為：人們在日常交際中對他人的第一印象往往要來自於外表、動作、目光和表情等多個方面，如何在第一次交往中讓人留下

良好的印象,這需要有清楚的自我認知,能自我回饋並及時改正,比如注意對方的表情是否僵硬、笑容是否令人不快;注意自身形象和個人衛生;交談時適當保持沉默,改變說話語調;尋找自己與對方的共同話題等。此外,活躍談話氣氛的能力十分重要,因為很多人憑直覺來判斷對方是否值得結交。

人際關係像是一個縱橫交錯的「交通網」,如果你處理得好,那麼未來就會變得一帆風順,如果你處理得不好,那麼就很有可能出現「塞車」,最終無路可走。試想如果人人都隨心所欲,不顧及他人,社會交往必將亂成一團,或者釀成「交通事故」。

每一個人都不可能獨立存在,需要與他人交往。任何一種交往,不論在什麼時代,都是建立在一定生產力發展基礎之上,處於以生產關係為基礎的各種社會關係中。透過交往不僅能滿足人們在物質和文化生活方面的需求,而且可以豐富社會生活內容,拉近人際關係,交換資訊,促進生產力的發展,推動社會不斷進步。就年輕人而言,透過交往,還能了解社會,開闊視野,增長知識,促進個性發展。只有透過有效合理的交往才能建立良好的人際關係網,進而豐富自己的生活。

所以,我們要處理好自己的人際關係,讓其成為自己可以利用的資本。在人生的旅途上,處理各種人際關係時,也不可只顧自己,隨心所欲,最終導致各種障礙,影響社會正常執行和自我目標的實現。在人際交往中,人人都不能離開必要的自制和外在條件的控制與調節,經營好自己的人際關係網,在必要的時候,一定能幫你創造出意想不到的奇蹟。

第十章　攜手共進，化敵為友的智慧

聯合所有能聯合的人

> 所有成功的人，都有著非比尋常的凝聚力，他們能將周圍的人連成一片。在他們看來，只有團結才能創造出奇蹟。事實上，每一個人都會有自己的優勢，當每個人的優勢都集中在一起，並發揮出來時，就會產生無窮的力量，而這種力量能帶領自己走向成功。

世界上沒有絕對的仇人，也沒有絕對的朋友，沒有一個人是不能聯合的，也沒有一個人是非要站在自己的對立面的，即使是那些常與你為敵的人，也有可以聯合的一面，當你能將他們聯合起來的時候，那麼你就離成功不遠了。因為所有成功的人，都有著非比尋常的凝聚力，他們能將周圍的人連成一片。在他們看來，只有團結才能創造出奇蹟。

作為一位黑人，歐巴馬開創了美國全新的歷史格局，自從成功獲得總統大選的選舉資格之後，歐巴馬就顯得與眾不同，他的個人特質和能力，以及個人主張都與其他候選人不同，在他們看來是多麼的標新立異。在歐巴馬看來，這個世界上沒有不能聯合的人，將所有人聯合在一起，創造一個全新的美國是他的夢想。

無論是白人，還是黑人，在歐巴馬眼裡都是美國人，他認為，所有的事件和人物都有共同點，都會有相互交融的地方。他的這種主張與他的對手截然不同，所以在其他人眼裡，他就是一個異類，但是美國人接

納了他,並給他展現自己的舞臺。他曾在一次演講中說:「雖然我是民主黨,但如果一個共和黨或保守主義者,或者信奉自由主義、自由市場的人有更好的見解的話,我也會樂於採納他的意見。」

在很多演講中,歐巴馬都強調聯合,他不止一次在演講中對大眾說:「他們說這個國家分裂得太嚴重了,讓人覺得失敗,但是作為一個國家,作為一個民族,我們應該改變這一切。」這一切正是歐巴馬的黑色皮膚告訴他的,歐巴馬眼裡並沒有什麼白人與黑人之分,有的只是美國人,他們的血液裡流淌著美國的血液,這就是他們的共同點,他們是生活在美國並受到美國法律保護的美國公民。

在很多場合,歐巴馬都在迴避他的黑人身分,反而他不止一次強調自己是一個道地的美國人,雖然他是在印尼長大,但是他的血液裡流淌的是美國人所共有的鮮血。歐巴馬強化認同、強化共識,他要將美國引向更開放的思潮,讓每一個美國人都能擁有更開放的生活。他在告訴人們,人與人之間不應只看到不足,為了更好地合作與發展,要多認同對方,這樣才能相互促進,自己也才能取得更大進步。正是他的這種態度,才讓美國人接納了他,美國人民淡化了他的膚色,接受了他全新的見解,在他們眼裡,歐巴馬成了救世英雄,成了帶領美國走向繁榮的唯一人選。

歐巴馬在一次演講中,如此說道:「我希望所有的美國人聯合起來,共同商討一些問題。所以有時候我會說服那些政見最保守的同事,讓他們和我一起參與某項議案的立法工作。事實上,我們在日常生活中有很多共同點,如一起打牌,一起喝酒聊天,只是不便在公共場合透露而已。」

第十章　攜手共進，化敵為友的智慧

在歐巴馬成功當選為美國總統之後，他表現出了一個偉人應有的大度，他邀請之前與他有過殊死之戰的敵人加入到自己的團隊之中，他希望把美國的優秀人才全部集合起來，而不是因為個人的偏見而有所排斥。

在我們成功的道路上，少不了需要他人的幫忙，這個時候，我們要像歐巴馬一樣，以謙虛的態度去請教。因為一個人要想成功就得學會認同「求同存異」這個道理，這就需要人們學會交流的技巧。在跟別人交談的時候，我們不能以討論相反的建議作為開始，相反，要以強調而且不斷強調雙方所同意的事情作為開始，並且不斷強調你們的共同目標，這樣就會產生共鳴，才會有話題，而不至於交流到一半，不歡而散。這正是歐巴馬所說的共同點。

古希臘哲學家蘇格拉底（Socrates）是一位十分明智的智者，他能在交談的過程中尋找到共同點，同樣，今天的歐巴馬也是明智的，他在選舉的過程中一再強調同一個美國，強調自己的美國觀念，這讓他在美國人心中的形象高大起來，而支撐他這一觀點的，正是美國人所擁有的共同點。

事實上，人作為一個個體，從啼哭著來到這個世界，到靜靜地告別人生，一頭一尾都是孤獨的。但在其間的過程中，我們卻不希望而且是十分害怕孤獨的。我們需要他人的理解、關心和認同，他人也需要我們的支持和幫助，所有的人都需要朋友，需要他人的認可和幫助。

當我們遇到困難時，如果沒有人幫忙是一種打擊，把自己的情感封閉起來，沒有朋友進行交流，對人的心理、情緒都是不利的。愛情是一種情感需求，擁有愛情的人，生活的滿足感較強，更容易覺得幸福。朋

聯合所有能聯合的人

友之間的感情也是人類不可缺少的情感之一。一份喜悅與朋友分享，就變成了雙份的喜悅；痛苦埋在自己的心裡，不會自動減少，找一個可以信賴的朋友傾訴一下，朋友的勸慰、理解，會使你的痛苦減輕不少。

一個人能否成功，朋友是關鍵的因素之一，仔細分析一下成功人士的成功經歷，我們通常都會發現，他們都有一些好朋友，並為他們的成功提供了最關鍵的機會。在很多時候，只有追求和觀念有共通點的人才能成為朋友，如果兩個人的追求不同，是很難成為朋友的。這告訴我們雖然要善於交友，善於把自己身邊的人聯合起來，但是也需要有一定的選擇性，不可以偏執地把敵人當作知心朋友。

年輕的時候是我們觀念成形的階段，一定要調整自己的定位，懂得一定的技巧，和每一個可以成為你朋友的人交流想法，甚至是和自己關係並不太好的人交流，只有交流才能讓你有所進步，只有交流才能讓你對他人有所了解，只有相互了解，相互信任才能形成一個整體，讓共同的理想開花。

第十章 攜手共進，化敵為友的智慧

在對手的肩膀上發展自我

> 對手的存在，對我們來說是最好的學習機會，因為你和對手交鋒時，是最好的實戰，只有在實戰中才能提升自己。越是強大的對手，你能學到的東西就會越多。因為對方要打敗你，一定是用盡全力。真正的發展是在競爭之中的，只有在競爭中才能讓一個人的潛力發揮到極致。

在競爭這個大系統中，競爭者，尤其是競爭對手處於競爭舞臺的中心位置，由此創造出絢麗多姿、波瀾壯闊的市場競爭畫卷，推動著社會經濟的不斷發展。因此，界定競爭對手的含義具有重要意義。

一般來說，朋友們往往不說我們的缺點，他們或是稱讚，或是默不作聲。而對手則不然，他一旦抓住你的缺點，就會不留情地批評。儘管他的目的是想藉機打垮你，但他實際上給你一個警覺和改正的機會，所以對我們來說，對手的批評可能比朋友的稱讚來得更有價值。

當對手批評我們的時候，我們應該保持良好的心態，利用對手來看清楚自己的行為。如果是自己錯了，就及時改正，如果覺得自己是對的，就堅持下去。這樣我們就可以分辨出什麼是自己應該做的，什麼是自己應該改變的，這對我們來說是一個很好的提升機會。

> 在對手的肩膀上發展自我

在歐巴馬的總統選舉生涯中,他十分感謝他的對手,正是他的對手讓他了解自己身上的不足之處,他透過改善實現了自我價值的提升。希拉蕊是歐巴馬選舉過程中最大的敵人,她是一塊難啃的骨頭。在民主黨內部決選總統候選人時,希拉蕊就與歐巴馬進行了一場激戰,兩人打得難分難解,他們相互攻擊甚至嘲弄對方,絲毫沒有留情面。可是當初選結束之後,歐巴馬收起最初的鋒芒,在感言中表達了對希拉蕊的敬意和感激。

在歐巴馬的選舉途中,希拉蕊雖然是他最強勁的敵人,但是從希拉蕊的批評中,歐巴馬學到了很多之前他沒有注意到,或是忽略的東西,正是這些東西促使著歐巴馬不斷地完善自我,在今後的選舉過程中表現出更為強大的優勢。

正如歐巴馬所說:「我要感謝在此次選舉過程中與我風雨同舟的每個人,正是他們讓我沒有後顧之憂。」不僅如此,他還感謝了自己的對手:「我還要感謝曾經與我競爭過的每一位對手,無論當時他們多麼劍拔弩張,我深知這都是為這個國家出力。」在歐巴馬看來,這些人與自己一樣,懷著一個共同的夢想站在競選臺上,在臺上他們是敵人,可是到了臺下,他們是朋友,歐巴馬知道國家的發展需要他們的智慧,需要他們的力量。

歐巴馬一再稱讚希拉蕊是民主黨的重要一員,是一個值得敬仰的人。她創造了歷史,不僅僅是身為女性,更是因為她身上的勇氣、執著。在漫長的競爭過程中,歐巴馬與希拉蕊面對面的競爭不下十次,儘管時有分歧,但他們本質是相同的,都是源於對國家的熱愛。

第十章　攜手共進，化敵為友的智慧

　　歐巴馬對希拉蕊表現出了由衷的欣賞，從她身上，歐巴馬學到了堅忍的意志，這是因為在最困難的時候，希拉蕊雖然是一名女性，但是她沒有放棄，一直鼓足力量前進。同時，歐巴馬從她身上學到對民眾的關心，這是因為希拉蕊常常深入社區，體察民情，她有著治理國家的雄才大略，也有著和平常人一樣的樸素情感。這些都是歐巴馬需要學習的，也是歐巴馬難得的財富。雖然歐巴馬對希拉蕊的讚揚並不被外界看好，甚至被當作一種政治手段，但是從中不難看出，歐巴馬在盡量爭取希拉蕊的支持，因為在與歐巴馬競選的過程中，希拉蕊共獲得1,800萬選民的投票，爭取到希拉蕊就是爭取到了龐大的選民。也許事實上如此，可是我們不能否認歐巴馬的寬容與大度，不能否認在競選過程中，歐巴馬從希拉蕊身上學習到的東西。

　　讓曾經的對手成為自己的親密助手，需要非凡的魄力和過人的智慧，歐巴馬在當選總統後就宣布提名希拉蕊為下一屆國務卿。歐巴馬用他的寬容之心組建自己的團隊，他需要他人的幫助，而希拉蕊無疑是最佳人選。

　　其實對手的存在，對我們來說是最好的學習機會，因為你和對手交鋒時，是最好的實戰，只有在實戰中才能提升自己。越是強大的對手，可學的東西就會越多。因為對方要打敗你，一定是用盡全力。在他們全力以赴的時候，也就是傳授你最多招數的時候。

　　所以，如果你有個很強的對手，你應該從心底歡喜。對手就像是一面鏡子，照出你最真實的一面，在這個競爭的過程中，你要每天盯緊這個對手，學習他的長處，妥善處理他對你的批評，認清自己的不足和缺

在對手的肩膀上發展自我

點,並加以改正,這樣今後就不會再犯相同的錯了。所以我們要感謝對手,而不是說對手就一定是敵人,他們也可以成為你人生中的良師益友。

第十章　攜手共進，化敵為友的智慧

感謝你的支持者，
他們讓你與眾不同

> 每一個人的成功都離不開自己的支持者，他們會讓你的生活變得與眾不同，他們的出現會讓你創造出更多的機會，如果沒有他們，你很難在理想的道路上取得成功。支持是一種認可，是一種影響力的傳播。它會使你變得更加堅強，更加擁有前進的動力。

每一個人的成功都離不開自己的支持者，他們會讓你的生活變得與眾不同，他們的出現會讓你創造出更多的機會，如果沒有他們，你很難在理想的道路上取得成功。不論你想做什麼，都需要他們的支持。歐巴馬之所以能取得成功，與他的支持者有著密不可分的關係。

很多人為了聽歐巴馬的演講，天還沒亮就去排隊，等上好幾個小時，他們都成了歐巴馬的狂熱支持者。選舉似乎超越了種族和性別，「變革」成了最強的呼聲。雖然希拉蕊也高呼變革，但只有歐巴馬是「變革」的代言人。雖然希拉蕊強調經驗，但選民更推崇個人魅力。

2008年2月21日，在第19次公開辯論會上，希拉蕊集中火力攻擊歐巴馬時，換來的僅僅是陣陣喝倒彩聲，可見人們對歐巴馬的喜愛之深，他們對歐巴馬的推崇幾乎到了瘋狂的地步，印有歐巴馬肖像的鈕扣已被搶購一空，在歐巴馬還沒有當選為美國總統的時候，他們已經開始

談論美國的首位黑人總統歐巴馬了。

歐巴馬的名字也改變了英語，已經出現了一批以「歐巴馬」為詞頭的新名詞，出現了很多與歐巴馬有關的詞語，一陣名為歐巴馬的旋風席捲了整個美國，它在年輕人之中形成了一股強大的力量，將整個美國變成了歐巴馬的天下，沒有哪一次的選舉會產生如此大的效應，也沒有哪一個總統能在年輕人之間形成這麼大的影響力。

歐巴馬所到之處，都會有大批的人為之瘋狂，在他們看來，歐巴馬所展現的美國多麼令人嚮往，多麼令人陶醉。歐巴馬將美國當下現狀摸得一清二楚，在美國經濟持續低迷，失業率繼續上升的時候，歐巴馬作為一個全新的希望出現在美國人民面前，他們把歐巴馬當成了唯一的救世者。

不僅如此，在年輕人之外，歐巴馬的影響力也滲透到其他領域，就連在美國媒體走紅多年，本身已經是大眾偶像的人物如今也成了歐巴馬的粉絲。美國著名電視脫口秀節目主持人歐普拉‧溫芙蕾（Oprah Winfrey）與歐巴馬是多年的好友，2007年5月2日，她首次公開宣布支持一位政治候選人，並將藉助自己的影響力來為歐巴馬造勢。溫芙蕾曾經為歐巴馬的競選團隊捐款4,600美元，其中2,300美元用於初選，另外2,300美元在歐巴馬贏得黨內總統候選人提名後才能啟用。

歐巴馬還受到好萊塢明星的一致追捧，好萊塢明星在2008年美國總統選舉中的立場格外引人注目，歐巴馬贏得了絕大多數好萊塢明星的支持，他們不僅為歐巴馬捐出了贊助金，還穿著印有「讓歐巴馬來改變」的T恤上街，在無形之中幫助歐巴馬宣傳。喬治‧克隆尼（George Clooney）則是歐巴馬的忠實粉絲，他和歐巴馬在一次呼籲民眾關注達爾富爾局勢

第十章　攜手共進，化敵為友的智慧

的集會上結識並成為好朋友，隨後喬治多次為歐巴馬宣傳。他還曾在公開場合為歐巴馬贏取支持說：「人人都說這個國家還沒有準備好選一名黑人做總統，這真是荒唐可笑。」

人們之所以如此崇拜歐巴馬，除了他出色的演講口才，無與倫比的個人魅力外，還與他的政治理想有關。他來自於美國底層，透過自己的努力慢慢登上總統的寶座，他還是一個黑人，從小就生活在異樣的目光之中，這些都構成了歐巴馬的個人魅力。他的支持者將這些看成上帝送給歐巴馬的禮物，歐巴馬贏得了他們的支持，並且他們也相信，這個黑人能夠給他們想要的生活，能讓他們的美國夢重新燃燒起來。

正是因為有了他們的支持，歐巴馬才會在總統選舉過程中一帆風順，能夠屢次創造奇蹟。如果沒有他們的支持，歐巴馬的政治生涯可能以慘淡的形式收場。在他一個又一個的對手贏得了富人的支持的時候，歐巴馬很難與他們相抗衡，好在美國的富人終究只是少數，大多數的美國人還是生活在社會底層。歐巴馬正是贏得了大多數人的支持，贏得了他們的認可。他的「一個美國論」激起無數人的想像，也讓無數人開始憧憬那個「沒有種族差異，不管是白人，還是黑人，還是其他膚色的人種都是美國人」的全新美國。

他們需要全新的美國，需要一個能夠重新讓美國走向世界強國的總統，他們討厭伊拉克戰爭，討厭以武力來對付自己的反對者，他們中有很多底層人渴望著簡單又美好的生活，他們渴望著生活在一個安寧的國家，那裡不會有歧視，不會有戰爭。而這些只有歐巴馬能夠帶給他們，也只有歐巴馬才能拯救他們，拯救當下的美國。

> 感謝你的支持者，他們讓你與眾不同

　　對任何人來說，支持是一種認可，是一種影響力的傳播。沒有他人的認可，你的成功就不會有意義，你的成功就會缺乏說服力。年輕人更需要這種認可。所以我們要讓自己擁有更多的支持者，讓自己的理念得到更為廣泛的傳播。

　　同樣的，如果你想得到他人的支持，你就必須全心全意地付出，這就迫使你更加專注於自己的理想，在理想的道路上更加投入，而不會因為天生的弱點而有所保留。當你失敗的時候，你必須想辦法去面對，去解決眼前的危機，而不是選擇逃避，一旦你逃避，你的支持者就會對你反感，覺得你不值得他們的支持。

　　真正的支持者是在你無論處於什麼樣的情景下都會對你表示由衷的支持，即使你失敗了，即使你在某一個事情上沒有處理到位，他們也會義無反顧地支持你，他們不會希望你逃避，而是希望你振作起來，解決眼前的困難，有了他們的支持，你將變得更加堅強，更加擁有動力。所以，我們要感謝那些支持自己的人，感謝他們為你默默付出，心存感恩之心的人，能獲得更大的成功。

第十章　攜手共進，化敵為友的智慧

第十一章

眼界放遠,抓住最後的大魚

第十一章　眼界放遠，抓住最後的大魚

主動做別人不願做的事

> 任何事都是有前因後果的，沒有前面種下的因，你就不要妄圖得到最後的果實。主動去做別人不願做的事，就是你種下的因，在做事的過程中去發現新的東西，從中提升自己的能力。還會助長自己的責任心和正義感，幫你贏得更多關愛和尊重。

在生活中，我們要學會去做一些自己不願意做的事，只要自己還能承受，多做一點也沒有多大的損害。在總統選舉的過程，歐巴馬並沒有絕對的優勢，但是最後，他卻可以成功當選，這與他的主動有很大的關係。其實早在歐巴馬年輕的時候，他就是一個非常主動做事的人。

歐巴馬曾經主動轉學到哥倫比亞大學，不過整體而言歐巴馬還是很少提及他在紐約的日子。不是這段 1980 年代的時光沒有在歐巴馬的記憶裡留下太深的痕跡，而是這一段時期正是歐巴馬希望能找出一條讓自己發揮獨特作用的道路而自我沉思的時期，所以大部分時間他都是在透過讀書沉澱自己的觀念、磨練自己的意志中度過的。

歐巴馬的童年生活為他帶來了很大的影響，這種影響使得他變得迷茫，他開始思考人生的價值，生命的意義。也正是有了這樣的思考，他才能醒悟。大學畢業後，很多人都選擇了富裕的生活，他們在華爾街或

是從事比較有前途的職業，但是歐巴馬沒有，他清楚地知道，這不是他想要的，他需要讓自己的資本更加雄厚，所以他沒有像其他人那樣，而是選擇了其他人所不願去的地方，在一個小小的黑人社區做議員。

正是因為這個選擇，使得歐巴馬看清了當下的現狀，他知道還有很大一部分人生活沒有著落，他們為生活辛苦地工作著，卻得不到同等的機會。面對這樣的情況，歐巴馬更加堅定了自己的信念，更加有理由相信自己所做的是正確的，於是他選擇了繼續深造，他報考了哈佛大學法學博士，並收到了錄取通知書。

本來《哈佛法律評論》主編這個位置對歐巴馬來說就是一個非常不錯的前景，如果他繼續在這裡做下去，那麼他的未來可以說是一片光明。可是就在人們都嚮往這份職位的時候，歐巴馬卻選擇了幫助黑人們解決困難，投入到社區生活之中。這是很多人都不願做的事，尤其是那些從明星大學畢業出來的學生，更何況他是博士學位。但是歐巴馬卻不這麼認為，他清楚地感受到生活在底層的人民需要幫助，他們需要有知識，有智慧，有魅力的人來幫助他們解決問題。

主動做別人不願做的事，也許在他人看來是吃虧，但是事實並不是如此。當一個人擁有夢想之後，上天就會為他創造無數的機會，讓他得到鍛練，讓他的能力得到相應的提升，而有些機會擺在我們面前，但是我們卻會讓它們溜走，這是為什麼呢？因為這種機會在我們看來並不是機會，它似乎與你的理想全無關係，但是也正是因為這樣，才讓很多人選擇了從事其他的事，然而正是這種選擇，才造成了理想的無為。

任何事都是有前因後果的，沒有前面種下的因，你就不要妄圖摘到

第十一章 眼界放遠，抓住最後的大魚

最後的果。主動去做別人不願做的事，就是你種下的因，在做事的過程中去發現新的東西，從中提升自己的能力。就像歐巴馬那樣，他在社區裡工作，體會到了黑人生活的艱難，而這種艱難讓他燃起改變這種現狀的決心，這讓他找到了自己堅實的立足點。

世界上萬事萬物是互相關連的，適用於某個領域的規律，同樣也會適用於其他的領域。所謂先下手為強，後下手遭殃。在打鬥的起始階段就應該積極爭取主動，搶先進攻，爭取先機。如果你占盡先機，透過積極的進攻早早地結束一場打鬥，不給對方機會施展拳腳，更不給他機會進攻，那麼你就能夠把握住機會，將對方徹底擊敗。

比爾蓋茲曾對微軟的員工說：如果你想取得優秀員工那樣的成績，辦法只有一個，那就是比那個優秀員工更積極主動地工作。積極主動是一種必要的工作態度，這種態度不需要別人的督促和吩咐，更不需要別人的強迫，而是心甘情願做事的精神狀態，甚至是「為了完成任務，在必要的時候，不惜打破常規」的智慧和能力。這種態度的員工能夠創造性地工作，而不是被動、機械地應付差事。

成功取決於態度，時刻牢記自己肩負的使命，知道自己工作的意義和責任，並永遠保持一種自發的工作態度，為自己的行為負責，堅持不懈地努力，終將到達成功的彼岸。那些獲取成功的人，正是由於他們用行動證明自己勇於承擔責任而讓人百倍信賴。主動要求承擔更多的責任或自動承擔責任是成功者必備的素養，大多數情況下，即使你沒有被正式告知要對某事負責，你也應該努力做好它。

不管是職場新人，還是職場老手，做別人不願意做的事情都會有所

> 主動做別人不願做的事

收益。因為我們在工作中要捨棄一些不甘心,主動做那些別人不願意做的事情,就是一個為自己創造機會的方式。雖然在這個過程中會吃一點小虧,但是這種虧不是絕對的,而且是對你的前途和人生有幫助的。主動去做別人不願做的事,還可以讓你的心境變得更加明朗,相信最後你會得到想要的成功。

第十一章 眼界放遠，抓住最後的大魚

變換思路，別在一棵樹上吊死

> 當我們處於死巷的時候，要學會改變，不要固執地堅持所謂的原則，要善於發現新的東西，從不同的方向尋找解決辦法，制定新的行動計畫為自己尋找出路。只有善於改變自我的人才能獲得成功。

世界上任何事物的矛盾都不是絕對的，解決矛盾的方式也必然多種多樣，而這些解決方法不是在誰的頭腦裡憑空想像和杜撰出來的，逆向思維和其他思考方法一樣，歸根結柢，它也反映著事物發展的客觀規律。我們不能用一成不變的觀點來看待事物，也不能讓自己陷於只有一條路可以成功的局限。

成功的路有千萬條，只有善於尋找的人，才能發現最佳的成功之路。當我們處於死巷的時候，要學會改變，不要固執地堅持所謂的原則，只有善於發現新的東西，善於改變自我的人才能獲得成功。歐巴馬的成功源於他的不斷改變，在改變的過程中不斷完善自我。他沒有讓自己只走一條路，而是當這條路走不通的時候，及時改變，選擇另一條可行之路。

在歐巴馬大學二年級快結束的時候，他聽說有一個去哥倫比亞大學的轉學計畫，就立即去申請。他想，即使哥倫比亞的黑人學生沒有西方學院多，那至少也是在一個真正的城市中心，更靠近黑人社區，更加具

> 變換思路，別在一棵樹上吊死

有大都市的氛圍，並且更加多元化。對他來說，一個更加刺激的地方對他更有吸引力。

對歐巴馬的一生來說，轉學到哥倫比亞大學是一個很關鍵的轉捩點，在那裡，他不僅增長了自己的學識，還讓自己更加接近夢想的中心。他改變了自己原有的生活方式，並藉助自己的智慧創造了另一個屬於自己的生活方式，在那裡，歐巴馬開始了他全新的人生之旅。

在 20 歲那年，歐巴馬來到了紐約，儘管是滿心歡喜，但他更知道自己要的是什麼。紐約之行對歐巴馬來說，是一次重大突破，他不得不丟下很多東西。在哥倫比亞讀大學期間，歐巴馬找到了人生的方向，相比同學們去談戀愛，去逛街玩耍，歐巴馬變得勤奮許多，他把所有的時間都花在學習上，這種改變讓歐巴馬成熟很多。

歐巴馬準確地掌握方向，他現在第一件事是戒掉毒品。他每天都將大量的時間放在學習上，異常珍惜哥倫比亞大學為自己帶來的難得的學習環境和提升自我的機會。為了戒毒，歐巴馬每天早出晚歸，他還堅持每天跑步 3 英里，用加強運動來提升自己的體能。

轉校到哥倫比亞大學對歐巴馬最大的吸引力在於，他又必須在一群陌生人中重新定位自己，並讓自己為他們所熟悉。他不再與朋友喝酒、到派對中去消磨時光，他把自己全身心地投入到學習之中，他斷掉了與那些朋友們的來往，他不想過醉生夢死的生活。不僅如此，歐巴馬在紐約時，還定期提供稿件給雜誌社，這對他來說是很好的實習機會，那兩年的時間不僅讓歐巴馬豐富了書本知識，而且還使他形成了自己的寫作風格。

在 2005 年度哥倫比亞大學的校友雜誌上，歐巴馬將他的大學時期描

第十一章　眼界放遠，抓住最後的大魚

述為「一段高強度的求學過程」，他大部分時間都待在家裡或圖書館，較少參加社團活動，過得如同僧侶。

與其他的求學者不同，歐巴馬是帶著目的來的，他不會在大學裡繼續以往的生活，對他來說，以前的歐巴馬已經死去，現在的他應該為了實現夢想而全力以赴，他不應該像其他人那樣，繼續過著沒有目標，沒有目的的生活。歐巴馬是一個很富有遠見的人，他沒有把自己的光陰完全浪費，而是利用兩年的大學生活，學習到了很多的知識，拓展了自己的視野，讓自己擁有更具競爭力的能力。也正是在這種情況下，歐巴馬發生了徹底的轉變，這種轉變使得他一下子變得成熟，擁有了常人所不能擁有的智慧。

正所謂窮則思變，只有變化才會為你帶來新的轉機和活力，換環境並不是一件不好的事情，新的環境會為你帶來新的衝勁，也會為你帶來新的機會。一個人在同一個環境中待久了，就會因為太熟悉周圍的一切而逐漸失去那種新鮮感帶來的衝勁。歐巴馬因為環境的改變，人生的觀念也隨之發生了改變。如果沒有這種改變，就不會有今天的歐巴馬，更不可能讓歐巴馬創造這麼多的奇蹟。

生活中，可以說處處都有阻礙、險境堵住我們前進的道路。在這種情況下，負面思考的人往往坐以待斃，抱怨為什麼會有阻礙，而正面思考的人遇到事情不順利時則能夠掌握自己的命運，立刻做出反應，從不同的方向尋找解決辦法，制定新的行動計畫，為自己尋找出路。適應環境本身就是奮鬥的組成部分，只有在此基礎上開闢戰場，去對抗生活才有獲勝的可能。

> 變換思路，別在一棵樹上吊死

　　人生本該是多彩多姿的，應該有多方面的選擇、嘗試，人們原本多樣化的人生之所以變得單純，那是因為人們若能安於各行各業，社會也會趨於安定。不過現在的社會已經開始激烈地變動，如果還一味地講求單純，恐怕反而不能適應社會的變動，如此一來，恐怕會將自己封死在一條路上而無迴旋的餘地。

　　在人們的心靈深處，隨時都盼望能將自己從封閉、單調的生活中解放出來。另一方面，社會也似乎正邁向接納多樣化人生的成熟境界。我們不能在一棵樹上吊死，須知成功的道路有很多條，當一條路陷入死巷的時候，我們要學會回頭，尋找新的路，這樣才不至於餓死在路上。

　　條條大路通羅馬，一成不變只會讓人的思路變得更加僵硬，只會讓人的意志變得更加薄弱。如果這個時候還不肯改變，那麼很難想像你能獲得成功。因此，必須儘早決定自己要走的道路，以及廣泛地對一切事物保持興趣，多處預設自己要走的道路，縱使已決定選擇某一條路，仍然要適當地掌握好其他的道路，以備萬一所選擇之道路不通時，仍有其他路可走。

　　我們不能死腦筋到底，也不能隨意就變換自己的想法，雖然變換想法對年輕人來說很有必要，可是如果隨時隨意地改變自己的想法，會讓你的意志變得單薄，會讓你的行為處事變得輕浮，所以隨意改變並不是一件好事。我們所說的變換，指的是靈活，既不要在一棵樹上吊死，又要靈活地為自己尋找出路，這需要大智慧，需要根據局勢做出最佳判斷的能力，也只有如此，才會慢慢地靠近成功。

第十一章　眼界放遠，抓住最後的大魚

不要沉迷於現狀，尋找新的可能

> 當我們遇到困難，想盡了一切辦法也無法解決的時候，就需要改變思維了，不能順著先前的思路去想，而是應該尋找一個新的思路。任何人、任何事的生命力在於創新，只有創新才能讓人類長久地發展下去，而只有改變，才能讓人擁有創新的血液。

想要成功，我們就不能安於現狀，安於現狀就會讓我們變得自滿，讓我們裹足不前，讓我們變得頹廢，成為一個碌碌無為的人。每一個安於現狀的人，都不可能獲得成功，只有那些勇於創新的人，勇於改變自我的人，才有可能獲得上帝的青睞。這是因為不安於現狀會激發人的創造力，會讓我們在競爭中處於優勢地位。

我們在年輕的時候也要持有不安於現狀的態度，這樣才能讓我們更有追求、接觸到我們不曾接觸的事物，挖掘自身的潛力，贏得人生的一次次勝利。一個隨波逐流、安於現狀的人是不可能有什麼成就的。不安於現狀、追求完美、精益求精的人才會成為勝利者。

在歐巴馬剛開始參加選舉的時候，很多人都不看好他，因為無論在從政經驗上，還是實力背景上他都不如他的對手，但是他卻能贏得美國人民的支持，這與他善於改變思路，從全新的角度出發來剖析美國現狀

> 不要沉迷於現狀，尋找新的可能

有著直接的關係，他告訴他的聽眾，美國需要改變，現在改變的時候到了。

歐巴馬以滿腔的熱情，述說了自己參選的目的，也點燃了改變國家現狀的希望之火。歐巴馬在整個演講中，沒有像其他候選人那樣，信誓旦旦宣揚自己將來要如何，而是用實在的事實和道理去說服聽眾，鼓舞聽眾，讓美國人民相信美國夢的重新到來，並以極其平穩的心態，平靜的語調，把自己心中的願望傳遞給聽眾。

歐巴馬知道人民想什麼，需要什麼，他在社區工作的時候，就了解這一點，而那種經歷成了他現在最鋒利的武器。於是，他從事實出發，用一段話來說明民眾的現狀：「這就是為什麼我們可以去改變整個殘破的死刑體系；這就是為什麼我們把稅收體系改革得更公平和公正，更益於薪水階級；這也是為什麼我們通過了那些憤世嫉俗者所認為永遠不能通過的倫理改革法案。」

不僅如此，歐巴馬將自己的重心建立在和平美好的美國上，讓聽眾意識到自己就是實現這種改變的唯一人選。他綜合概括了過去在社區工作多年，雖然薪水甚少，工作任務量巨大，但是他還是堅持下來的目的，「透過這份小小的工作來為創造一個更好的美國做點貢獻」。

為了打造一個和平、民主、自由的美國，前輩們進行了一系列的工作和鬥爭，既然前輩們能做到，那麼我們也能做到，我們應該完成自己的使命，做自己能做的工作。正如他在演講中所說的：「這僅僅是勝利而不是我們所尋求的變化，這是我們唯一去做出改變的機會。如果我們回到原本的舊路，那麼什麼也不會變，改變也永遠不會發生。這是真正需

275

第十一章　眼界放遠，抓住最後的大魚

要天才的時刻：美國會發生變化。我們的社會應該更完美。我們已經擁有了我們將來能夠實現的希望。」

歐巴馬一再地向美國人民宣揚改變，是因為現在的美國確實需要改變了，布希政府所留下的問題，需要一個英明的總統去解決，如果按著原本的路來走的話，那麼一切還是原樣。歐巴馬清楚美國人民需要什麼，所以他的這種改變說到了美國人的心裡，讓他們在灰色的季節裡重新看到了希望。

當下的美國在歐巴馬看來是最艱苦的時候，在這種情況下，改變在所難免。人也一樣，人在艱苦環境下，最忌諱的就是安於現狀，人生的希望在於改變現狀的強烈欲望和動機，如果一成不變地生活下去，那麼人生就會變得單調、無聊。如果我們去總結成功人士的成功經驗，我們會發現：成功人士總是用更長遠的眼光看待每一件事，看待生活，看待這個世界。他們知道，只有不滿足於現狀，才能不斷取得更好的成績。

然而在我們的生活中，有些雄心勃勃的人本來是滿懷希望地出發，最後卻在半路上停了下來。因為他們取得一定的成績之後，就滿足於現有的溫飽和生存狀態，開始虛度餘生。

如果我們只是安於現狀，那麼我們就不可能有什麼創新，更不可能有進步，只會在原地不停地轉來轉去，最後導致失敗。常用的思維方式會形成習慣，漸漸變成思維定式。所以從某種意義上說，定式是思維的慣性和惰性。每個人都有各自不同的思維定式，於是我們常常以想當然而的態度來對待我們周圍發生的事情。著名的心理學家吉爾福特（Joy Paul Guilford）指出：「人的創造力主要依靠擴散性思考，它是創新思維的主要部分。」

> 不要沉迷於現狀，尋找新的可能

　　人的思路應該更寬闊一些，眼光應該更加長遠一些，我們看問題不能只看到表面，應該深入到事情的核心中，去體會每一件事背後所蘊含的意義。當我們遇到困難的時候，想盡一切辦法也無法解決，這個時候就需要改變思維，不能順著先前的思路去想，而是應該尋找一個新的思路。任何人、任何事的生命力都在於創新，只有創新才能讓人類長久地發展下去，而只有改變，才能讓人擁有創新的血液。

第十一章 眼界放遠，抓住最後的大魚

在人生的谷底，要有勇氣去面對

萬物因為暴風雨的來臨而感到恐懼，但是暴風雨卻會替萬物帶來成長所必需的雨水和養分。如果把暴風雨比作人生的谷底，那麼風雨後的茁壯成長不正是人生的希望嗎？抵抗暴風雨的力量不正是人生抵抗災難的一種執著和勇氣嗎？

每個人都會遇到人生的谷底，在這個時候，人的意志難免會受到打擊，或許選擇放棄會讓你的生活過得更加輕鬆，但是這並不是你所期望的結果。在最困難的時候，我們要堅信，只有勇氣和希望才能幫你擺脫眼前的困境。

歐巴馬在成長過程中曾遭遇兩種認同危機，一個是種族認同，一個是信仰認同。歐巴馬10歲的時候回到美國，由於進入了一所比較好的學校，所以白人孩子占絕大多數，學校裡只有三個黑人小孩，歐巴馬是其中一位。這時，歐巴馬產生了種族危機，可是他卻在這次危機中堅定了自己的信念。在歐巴馬開始工作以後，他的信仰受到了挑戰，這個時候，他仍然堅持了自我，最後成功地渡過了難關。

事實上，人生不可能一帆風順，亦不可能風平浪靜，試想像死水一樣的生活又有什麼意思呢？但是人卻很難從生活的苦難中解脫出來，他們或是在苦難中選擇放棄，或是拒絕苦難，把人生看得過於悲觀，最終丟失了自己。我們從歐巴馬的經歷中不難知道，其實苦難並不可怕，可怕的是希望的喪失。

> 在人生的谷底，要有勇氣去面對

歐巴馬當選聯邦眾議院議員那一天，他敬愛的母親安‧鄧納姆不幸在火奴魯魯（又稱檀香山）去世。其實還在印尼的時候，安‧鄧納姆就感到不舒服。那裡的醫生說她消化不良，無礙大事。她到美國複診，被診斷出有卵巢癌。母親生病的時候，歐巴馬的妹妹瑪雅在紐約大學讀研究所。歐巴馬和她都沒有料到母親的病已經很重了。安‧鄧納姆去紐約檢查的時候坐在輪椅上，她告訴瑪雅，希望瑪雅放假的時候到夏威夷看她。可是癌細胞擴散很快，醫生開始幫她注射嗎啡。安‧鄧納姆自知可能過不去了，有天晚上打電話給瑪雅，說她很害怕。

瑪雅知道事態嚴重，立即安排她返回夏威夷，可是此時的歐巴馬正在選舉的最後衝刺階段，容不得絲毫分心。瑪雅是11月7日到的醫院，此時的安‧鄧納姆已經不會說話了，最後只堅持到了晚上11點，安‧鄧納姆去世了。歐巴馬知道這個消息之後，第二天從芝加哥趕了回來。站在母親的遺體前，歐巴馬突然發覺對他的生活產生最大影響的是母親。即使在他們長久分離的時候，母親也經常寫信給他，讓他相信自己，相信他人的善良。歐巴馬和瑪雅在夏威夷大學東西方中心的日本花園為母親舉行了追悼儀式，有二十多個朋友參加了儀式。之後他們驅車去火奴魯魯南邊的哈瑙瑪灣海灘。

母親的遺囑是把她的骨灰撒在這裡。她跟夏威夷心心相印，它的美麗使她安靜，它的寬容教她愛人，它的大學讓她結識了自己孩子的兩個父親。安‧鄧納姆是喜歡旅行的人，她希望死後自己也可以從這裡再出發，魂遊世界。母親的去世對歐巴馬有著很大的影響，但是這卻沒有影響到他從政的決心。當他安排好母親的後事之後，就立刻趕回了芝加哥，對他來說，這是一個新的開始。

第十一章　眼界放遠，抓住最後的大魚

　　雖然他感覺到無比悲痛，但是他將這股悲痛化為力量，更加堅信美好的明天終將到來，在他心裡，即使是再寒冷的冬天，也會有明媚的陽光破雲而出，因為希望是他所擁有的最偉大的力量。而這些不是每一個人都應該擁有的嗎？

　　當我們陷入人生谷底的時候，往往會招致許多無端的蔑視。這時只要我們理智地應對，以一種平和的心態去維護我們的尊嚴，就會發現任何邪惡在正義面前都無法站穩腳跟。而有尊嚴的人，終會走出人生的谷底。

　　在我們處於人生的谷底時，應該好好反省、重新了解自己，因為我們在所謂清醒的時刻，往往並非是真正的清醒。不管是刻意壓抑或是在潛意識中，都會在有意或無心的時候，否定了內心種種孤寂、空虛的感受，也壓抑了由恐懼所引起的各種負面情緒。這個時候，我們不僅能重新思考自己所處的位置，還可以為自己進行一次梳理，當走出谷底之後，面對即將發生的事便能坦然有序地去面對。

　　其實，誰都會經歷人生的谷底，但是這並不意味著人生就是灰暗的，當暴風雨來臨之時，萬物不因此而顫抖和懼怕嗎？可是當暴風雨過去之後呢？留給大自然的不僅是風雨後的晴天，更重要的是未來新的希望，正是這一種希望延續著大自然的準則，讓生物們因此生長得更加健康、挺拔。所以，請記住歐巴馬的這句話：「在寒冷的冬天，只有勇氣和希望才能夠長存。」

等待最佳時機，把懸念留在最後

> 上帝是公平的，他留給每個人的機會都是相同的，關鍵在於有的人善於等待機會，而有的人則在機會沒有來之前，就選擇了放棄。很多時候，我們需要學會忍耐，在自己最脆弱的時候尤其需要如此，需要耐心等待時機的來臨，不驚慌失措，才有可能獲得成功。

在實現理想的過程中，我們不可能一帆風順，總會遇到挫折，當自己所想的事與預期相反時，就會產生悲觀情緒，認為自己什麼事都做不好，事實卻並非如此，因為人生之路不會永遠曲折，總會有光明的時候，所以，凡事須耐心等待時機的來臨，不必驚慌失措，只有善於等待時機，並抓住時機的人，才有可能獲得成功。

一個善於抓住機遇的人，一定是一個注重細節、善於等待的人，等待並不等於落後，猶如參加馬拉松長跑，起步早的不一定能最終獲得冠軍。歐巴馬的先決條件比我們很多人要差，但是他卻能夠獲得成功，能夠創造那麼多的奇蹟，在我們看來，這都歸功於他出眾的能力，事實上歐巴馬是一個善於把握時機的人，他不會在自己最弱的時候出手，反而在他處於不利位置時，他會隱忍，等待最佳的時刻出手，與希拉蕊的黨內競爭也好、與馬侃的總統決戰也好，都是如此。

第十一章　眼界放遠，抓住最後的大魚

　　作為民主黨的總統候選人，歐巴馬有著與眾不同的經歷。他的父親來自肯亞，母親為美國白人，他在火奴魯魯和雅加達兩地長大，就讀於常春藤名校。他的這些經歷成了對手最後打擊他的武器，在他是否「夠黑」這個問題上，歐巴馬表示，這樣的爭論與他的外表或者他對黑人選民問題的關注並無關係。

　　對於自己的年輕形象，歐巴馬在2007年10月的一次競選演講中引用甘迺迪總統就職演說中的話：「如果不是這個火炬被一次次傳遞到新一代人的手上，我不會有這個機會的。」歐巴馬的機會來自他自己的創造，與其說是上天造就了歐巴馬，不如說是歐巴馬把握住競選總統的最佳時機。

　　2008年是民主黨年，布希總統執政的幾年使得美國的國際環境嚴重惡化，美國的部隊在伊拉克陷入泥淖，在阿富汗處於被動和守勢，美國政府的單向外交政策也引起世界性的反感。由於聯邦政府對金融機構管理的弱化，美國的金融市場先出現混亂，繼而發生危機，引發世界性的震盪，為美國的企業和薪水階級帶來了不同程度的經濟困難和不穩定因素。

　　在這種情況下，人民需要一個能夠帶領他們走出重圍的總統。歐巴馬最強勁的對手馬侃卻一再強調「這是最美好的美國」等言論，讓歐巴馬創造了超過他的最佳時機。面對美國經濟困境，馬侃三番五次地告誡選民美國經濟的基本要素安然無恙。而金融市場的混亂導致了信貸枯竭和股市崩盤，當國會開始討論救市方案時，馬侃又終止自己的競選，宣布退出第一次總統候選人辯論，號稱國家第一，選舉第二，讓選民感到他喜怒無常，行事魯莽。

> 等待最佳時機，把懸念留在最後

　　反而歐巴馬表現出了總統應有的睿智，一語道破美國當下的困境，歐巴馬沉著應戰、按部就班地提出具體的救市和便民方案，讓美國人看到了他的目的，他的出現不是為了競選總統，而是為了拯救美國，重拾美國人民所共有的美國夢，歐巴馬用自己的行動來證明自己完全有能力來解決美國當下所面臨的問題。他的優勢完全發揮出來，反而使對手則陷入了困境，正是在這種情況下，歐巴馬的支持率一下子超越了馬侃，當選總統已是勢在必得。

　　在現實生活中，我們要學會耐心地等待時機，這對任何人都是非常重要的，尤其是正處於青春期的我們。年輕人鋒芒外露，初生之犢不畏虎，總幻想著靠自己的學識，在社會上取得地位和成就，我們的銳氣是驚人的，但也是短暫的，一旦遭受挫折，無情的現實會使我們之中大部分的人感到生不逢時，懷才不遇，從而憤世嫉俗。所以，我們要學會等待，學會在等待中累積知識和經驗，培養成熟的創業風格。

　　事實上，誰都會有順利的時候，也會有突然跌倒落入谷底的時候，一個人只有經歷過無數的痛苦，才可能讓心智變得更加堅韌。雖然成功的機會對於每個處在逆境中的人都是均等的，但是，成功並不是每個人都能獲得的，它是屬於堅韌者的。要讓自己變得更堅韌，就需要學會等待時機，只有當一個人學會忍耐，那麼他的心智才會變得更加成熟。

　　隨著時代的發展，無論哪個行業的專業性都越來越高，有關方面的監管政策也已經有相關規範，行業的競爭也必然會越來越激烈。因此，對於創業者來說，如果現在還選擇從頭開始進入這個行業，就未必是一個恰當的時機了。所以，對一個渴望實現自我價值的年輕人來說，把握

第十一章　眼界放遠，抓住最後的大魚

好時機非常重要，只有把握好時機，才能在最有利的情況下實現自己的目標。

要辦好任何事情並得到最佳效果，都有一個把握最佳時機的問題。時機掌握得好，就能充分利用條件，調動有效資源，達到事半功倍、如願以償的效果。最有希望成功的人，並不是才能出眾的人，而是那些善於利用時機做事的人。懂得伺機而動，這實在是一種極其難得的智慧。

無論我們想做什麼，只要堅持到最後，總是有機會成功的。等待機遇亦是同樣的道理，這需要擁有十足的耐心，需要忘我的努力。因為沒有到最後一刻，就絕不要輕言放棄。既然已經堅持了那麼久，付出了那麼多，有什麼理由不再多等一會呢？只有當一個人學會忍受長久的煎熬，懂得做什麼事都要努力堅持到最後的時候，他才會有成功的可能。

等待最佳時機,把懸念留在最後

美國首位非裔總統歐巴馬：

從底層到白宮，跨越種族限制！推翻所有質疑，他以行動改寫歷史

作　　　者：金文	
責 任 編 輯：高惠娟	
發　行　人：黃振庭	
出　版　者：財經錢線文化事業有限公司	
發　行　者：崧燁文化事業有限公司	
E - m a i l：sonbookservice@gmail.com	
粉　絲　頁：https://www.facebook.com/sonbookss/	
網　　　址：https://sonbook.net/	
地　　　址：台北市中正區重慶南路一段 61 號 8 樓
8F., No.61, Sec. 1, Chongqing S. Rd., Zhongzheng Dist., Taipei City 100, Taiwan

電　　　話：(02)2370-3310
傳　　　真：(02)2388-1990
印　　　刷：京峯數位服務有限公司
律師顧問：廣華律師事務所 張珮琦律師

-版權聲明-

本書版權為樂律文化所有授權財經錢線文化事業有限公司獨家發行電子書及繁體書繁體字版。若有其他相關權利及授權需求請與本公司聯繫。

未經書面許可，不可複製、發行。

定　　　價：375 元
發行日期：2025 年 02 月第一版
◎本書以 POD 印製

國家圖書館出版品預行編目資料

美國首位非裔總統歐巴馬：從底層到白宮，跨越種族限制！推翻所有質疑，他以行動改寫歷史 / 金文 著. -- 第一版. -- 臺北市：財經錢線文化事業有限公司, 2025.02
面；　公分
POD 版
ISBN 978-626-408-164-1(平裝)
1.CST: 歐巴馬 (Obama, Barack, 1961-) 2.CST: 傳記
785.28　　　　　114001219

電子書購買

爽讀 APP　　臉書